伟人成功故事

世界
大企业家
成功故事

张 哲 ◎编著

中国出版集团 现代出版社

图书在版编目（CIP）数据

世界大企业家成功故事 / 张哲编著. —北京：现代出版社，2012.12

（伟人成功故事）

ISBN 978-7-5143-0886-0

I．①世… Ⅱ．①张… Ⅲ．①企业家—生平事迹—世界—通俗读物 Ⅳ．①K815.38-49

中国版本图书馆 CIP 数据核字（2012）第 275380 号

世界
大企业家
成 功 故 事

作 者	张 哲
责任编辑	袁 涛
出版发行	现代出版社
地 址	北京市安定门外安华里 504 号
邮政编码	100011
电 话	(010) 64267325
传 真	(010) 64245264
电子邮箱	xiandai@cnpitc.com.cn
网 址	www.modernpress.com.cn
印 刷	汇昌印刷（天津）有限公司
开 本	700×1000 1/16
印 张	10
版 次	2013 年 1 月第 1 版 2021 年 3 月第 3 次印刷
书 号	ISBN 978-7-5143-0886-0
定 价	29.80 元

前言

　　法国早期经济学家萨伊认为，企业家是冒险家，是把土地、劳动、资本这三个生产要素结合在一起进行活动的第四个生产要素，他承担着可能破产的风险；英国经济学家马歇尔认为，企业家是以自己的创新力、洞察力和统率力，发现和消除市场的不平衡性，创造交易机会和效用的人；美国经济学家德鲁克则认为，企业家是革新者……

　　那么，我们也许可以这样总结企业家的一些本质特征：冒险家和创新者。他们是商业世界中充满活力的催化剂，是一个在普通事件的背景中敢于求异的独立思想者。当然，他们也掌握社会的大量财富。

　　本书真实地讲述了七位首富人物的故事，他们绝大多数都具有"点石成金"的财富眼光，不同常人的财富理念，超人的智慧和非凡的能力。他们是各个领域、各个行业的翘楚，是社会巨大财富的创造者，他们一生艰苦奋斗、成就辉煌。他们或白手起家、兢兢业业；或将门虎子、薪火相传；或富而见仁、光明磊落……凡此种种，均不乏智慧的远见和当机立断的头脑！

　　惊人的胆识、惊人的毅力、惊人的残酷是商海生涯最好的教材！变幻莫测、云谲波诡的商场中，名人艰苦卓绝的传记可以让我们看到一个真实的历练过程。愿青少年以这本书为有力的工具，撬开通向成功和财富的大门！

目录

CONTENTS

卡内基 1

贫困少年	2	荣归故里	13
移民美国	4	罢工事件	14
钟爱图书馆	8	回归的巨额财富	16
第一桶金	9	大事年表	22
构建钢铁帝国	11		

摩 根 23

首次冒险	24	世界债主	36
投机黄金	27	涉足钢铁业	38
购买国债	29	总统妥协	40
面对危机	30	英雄暮年	42
"铁路大战"	32	大事年表	44

洛克菲勒 45

特殊的家教	46	"托拉斯"时代	57
少年商才	48	经营有术	59
进军石油业	50	隐退之路	61
拍回自己的公司	52	大事年表	64
商界竞争	55		

普利策 65

少年时代 66
辗转漂泊 68
记者生涯 70
"煽情主义" 73
购买《纽约世界报》 76

挽救自由女神像 79
殊死的竞争 81
新闻教育 84
大事年表 86

福 特 87

年少时候 88
梦想之地——底特律 89
福特一号 91
赛车获胜 93
福特公司的组建 96
T 型车的故事 98

五元钱宣言 100
福特王国的建立 102
转 变 104
退而不休 108
大事年表 110

沃 森 111

清贫少年 112
在辱骂中成长 113
40 岁的创业 116
"IBM" 精神 118
进军计算机市场 120

沃森二世 123
继承父业 125
"蓝色巨人" 127
大事年表 130

沃尔特 131

爱画画的孩子 132
走近梦想 135
真正的开始 138
米奇的诞生 140

失去伙伴 145
动画帝国 147
迪斯尼乐园 150
大事年表 154

卡内基

他本是一个贫穷的苏格兰移民，出身于匹兹堡的贫民窟，最终却成为美国最有权势的人之一；他曾被认为是世界上最有钱的人，但为了下一代却毫不吝惜自己的财富，大做慈善事业……他就是美国著名的钢铁大王安德鲁·卡内基。

从不名一文的移民到堪称世界首富的"钢铁大王"，他通过白手起家建成大型钢铁联合企业几乎垄断了全美国的钢铁市场。在美国，他的名字与"汽车大王"福特、"石油大王"洛克菲勒等大财阀的名字列在一起。而在那个时代，这个集野心、才干和凶猛于一身的传奇人物在创建一个钢铁帝国的同时，也成为许多青年人的梦想和榜样。

贫困少年

1835 年 11 月 25 日，在苏格兰的古都丹弗姆林一座寒酸的石头平房里，手工艺人威廉·卡内基的妻子玛格丽特生下了一个男孩，取名为安德鲁·卡内基。威廉是个出色的手艺人，他尽心尽力地为妻子和孩子营造了一个舒适的小家。

卡内基的祖父是一个性格开朗、机智幽默，而且又是一个具有不屈不挠精神的人。小卡内基作为长孙，因此，就以祖父的名字——安德鲁·卡内基命名。卡内基从小就以有这样的祖父为荣，同时也以终生拥有他的名字自豪。卡内基的外祖父是个天生的雄辩家，也是个富有才智的政治家，是当地颇为活跃的政治领袖。也许是卡内基的祖辈遗传基因的作用，小卡内基从小就是一个乐观进取、能言善辩的人，而这一切对他一生的影响极大。

就在卡内基出生的第二年，父亲用积攒的钱添置了 3 台纺织机，并雇用了几名工人。由此家中的境况有所好转，全家搬进了一幢有小阁楼的平房里。

就这样，卡内基一直到快 8 岁才开始读书。他的早期教育大都是由父亲和叔叔们承担的。卡内基有两个叔叔：乔治·劳德是一个杂货店的老板；汤姆·毛利森是一个激进的公众演说家，他总是站在工人阶级的立场上批判富人的观点，因此与不少有权势的人结下了深仇。年幼的卡内基很快就意识到汤姆叔叔与宿敌公开对抗是要付出代价的。在离卡内基家不远处有一片克里夫庄园的树林，那里有苏格兰女王玛丽的遗址。这个庄园每年会对公众开放一次，但庄园的主人却不允许任何与汤姆有关系的人进去参观。所以当伙伴们到庄园游玩时，卡内基不得不等在外面。这一年一度的盛事给他带来的却是

威廉·卡内基的出生地

深深的痛楚,从此他不再相信人生来就有言论自由,同时也对人生来就平等的信念产生了怀疑。

尽管卡内基还很小,但他却非常懂事,经常帮家里做事。由于没有自来水,他每天一大早就起来,挑上一副大水桶,去附近的一口井边排队打水。挑了几担水后,才吃早饭、上学。晚上回来之后,总会帮助正在忙于缝鞋的母亲穿针引线,同时心里也不忘默背着在学校里当天学到的诗和文章。

到了 1843 年,英国工业革命的巨浪席卷了整个丹弗姆林。从此在这座古老的城镇上,出现了第一架蒸汽带动的亚麻织布机。不久,经过改良的蒸汽机就彻底改变了小镇的面貌。丹弗姆林的手工纺织业不堪蒸汽机的冲击,日渐衰颓,纷纷破产。卡内基一家的生活也每况愈下,帮工被解雇,织机被变卖。母亲只有开一间小铺子,以维持生计。然而,致命的打击又接踵而来,那就是 1846 年的欧洲大饥荒和 1847 年的英国经济危机。1847 年冬,苦难威胁着卡内基的一家,那时他已经有了一个弟弟——出生于 1843 年的汤姆,这使卡内基一家的生计日益艰难,一家人饱受贫穷的煎熬。尽管父母不辞辛劳地努力工作,但全家还是无法避免排队领救济汤的命运。

1848 年初,美国加利福尼亚州内华达山区发现金矿的消息传到了饱受经济危机之苦的苏格兰。顿时,整个苏格兰沸腾起来了。人们趋之若鹜,纷纷举家西迁,掀起一股空前的"移民潮"。无奈之下,卡内基一家只好写信给在早几年移居美国匹兹堡的两位姨妈,表示也要举家前往美国。两位姨妈回信说,眼下正是赴美的良机,就业机会很多,希望他们快去。于是,卡内基的父母就把家中所有的织布机和家具都变卖了,启程前往美国。

↤卡内基和
弟弟小汤姆

移民美国

1848年5月17日，卡内基一家登上了"维斯卡塞特"号轮船。13岁的卡内基和他的双亲及5岁的弟弟与其他来自苏格兰的穷苦移民一起挤在阴暗、低矮的客舱里。粗劣的食物和污浊的空气使许多人在50天的航程里一直生病，但卡内基就像他此后一生当中所表现出来的那样很快适应了环境。他不仅了解了许多关于这艘船的知识，而且还取得了水手们的信任，成了他们星期天特别晚餐会上的客人。

经过两个月艰苦的水上旅行，轮船终于抵达了目的地——美国东海岸的纽约港。少年卡内基与新移民们一起拥上甲板，迎着朝阳，远眺着这片梦寐以求的希望之地，心中充满着憧憬。在亲戚的带领下，他们在匹兹堡一个叫做艾里黑尼的贫民窟小巷里安顿了下来。为养家糊口，父亲别无选择，又操起老本行，织起了桌布和餐巾，并且还得自己去沿街叫卖，挨门兜售这些产品。尽管如此，赚的钱远不够一家开销的。母亲只好以缝鞋为副业，经常缝到深更半夜，而卡内基和弟弟汤姆呆在一旁帮忙。就这样，一家人每周只赚5美元，日子过得相当清苦。

🔻 1848年的纽约港

为了给父母分忧，13岁的卡内基结束了学业，进了一家纺织厂当童工，每星期1美元20美分的薪水。后来，他又干起了挣钱稍多一点的工作:烧锅炉和在油池里浸纱管。烧锅炉的工作确实繁重，他需要独自一人负责操作蒸汽机的运转——在地下室里为蒸汽锅炉点火。他还必须住在工厂里，每夜隔一会儿时间就要爬出被窝，去调整蒸汽压力，以免它过高或过低，因为蒸汽压力太低机器就不能工作，蒸汽压力太高锅炉就会爆炸，因此他日夜处于紧张和不安之中。而浸纱管的工作同样也不轻松，油池里散发出的阵阵气味令人作呕……

就这样,灼热的锅炉使他汗流浃背,难闻的油味令人头脑发昏,但卡内基还是咬着牙坚持干下去。因为他并不甘心潦倒一生,而是要奋发图强,积极进取。

即使在白天劳累一天后,卡内基晚上还参加夜校学习,课程是复式记账法会计,每周3次。这段时期他所学的复式会计知识,成了他后来建立巨大的钢铁王国并使之立于不败之地的秘密武器。

1849年冬天的一个晚上,卡内基上完课回家,他的一个叔叔告诉他欧雷利电报公司需要一个送信员,卡内基立

▲ 19世纪匹兹堡

刻意识到,机会来了。

第二天一早,卡内基穿上崭新的衣服和皮鞋,与父亲一起来到电报公司门前。他突然停下脚步,对父亲说:"我想一个人单独进去面试,爸爸你就在外面等我吧。"

原来,他担心自己与父亲并排面谈时,自己会显得个子矮小;同时,他也怕父亲讲话不得体,会冲撞了欧雷利先生,从而失去这个难得的机会。

于是,他单独一人上到二楼面试。欧雷利先生打量了一番这个矮个头、高鼻梁的苏格兰少年,问道:"匹兹堡市区的街道,你熟悉吗?"

卡内基语气坚定地回答:"不熟,但我保证在一个星期内熟悉匹兹堡的全部街道。"他顿了顿,又补充道:"我个子虽小,但比别人跑得快,这一点请您放心。"

↑ 现在匹兹堡

欧雷利先生满意地笑了："周薪 2.5 美元，从现在起就开始上班吧！"就这样，卡内基谋得这个差事，迈出了在社会工作的第一步。这时，他年仅14 岁。

在短短一星期内，身着绿色制服的卡内基实现了面试时许下的诺言：熟悉匹兹堡闹市区的每一条街以及街上的每一个商人和每一幢房子。两星期之后，他连郊区路径也了如指掌。他个头小，但腿很勤快，送电报的速度比任何人都快，因此很快在公司上下获得一致好评。

当年的匹兹堡不仅是美国的交通枢纽，而且是物资集散中心和工业中心。电报作为先进的通讯工具，在这座实业家云集的城市起着极其重要的作用。每天走街串巷送电报、嘀嘀嗒嗒拍电报的生活，卡内基就像进了一所"商业学校"。他熟悉每一家公司的名称和特点，了解各公司间的经济关系及业务往来。日积月累之中，他熟读了这无形的"商业百科全书"，这对他日后事业的开展颇有益处。因此，卡内基在回顾这段时期时，称之为"爬上人生阶梯的第一步"。

同时，这份工作也拓宽了卡内基的世界，使他拥有了更多的朋友。卡内基和其他苏格兰移民一起创建了"韦伯斯特辩论协会"，在那里他可以纵论当天的时事新闻。不仅如此，卡内基还发现了这份卑微工作的其他利用价值，当匹兹堡剧院有电报的时候，他会把电报留到戏剧上演时去送，然后恳求剧院管理员让他从平台上看戏。就这样，他背下了莎士比亚的整出戏，后来竟学会了表演所有的角色。

每天，卡内基都会提前一个小时到公司打扫办公室。即使对于这种低下的劳役，他也认真地去做，因为他知道成功没有什么捷径可走，必须一步一个脚印，从最底层的

工作一步一步往上爬才能得到。他后来告诫那些有上进心的青年们说：你们要重视的不是那些衣冠楚楚、一掷千金的富家子弟，而是那些自强不息、从打扫办公室开始奋斗的人。只有后一种人才是你们应该提防的真正的对手。他在打扫完办公室之后，就悄悄地跑到电报房学习打电报。卡内基非常珍惜这个秘密地学习机会，他日复一日地坚持着，即使在送电报的间歇，他也待在电报办公室。在那里，他不仅掌握了莫尔斯电码，而且还掌握了不少日新月异的新技术。由于思维敏捷，卡内基很快被提升为全职操作员，后来又被安排负责接收国外的新闻。

　　一年后，卡内基就已经被升为管理信差的负责人。而卡内基这次求职的成功却起因于和别人下棋时一句漫不经心的谈话，而对这句话的回答却成了卡内基一生成败的关键。所以卡内基在以后总结自己的人生经验时说："有时候，许多重要的事情往往都是从一些微不足道的小事中产生出来的，往往一句话、一个小动作，不仅可以影响到人的一生，也许还能够左右国家的命运。"同时，他还反复地告诫后辈们说："在小事情中往往隐藏着具有重大后果的事情，年轻人应该将这句话永远铭记在心。"

　　由于卡内基工作勤快，颇得欧雷利经理的赏识。一个月末的一天下午，卡内基被单独留了下来。当他跨进总经理办公室时，心里七上八下，忐忑不安，生怕自己工作中有什么疏忽，做错了事。但欧雷利经理却拍拍他的肩膀说："小伙子，你比其他人更努力、更勤勉，所以从这个月开始给你单独加薪。"卡内基高兴得差点晕倒。他领了 13.5 美元，比上个月多出 2.25 美元。对年仅 15 岁的贫苦少年来说，这是一笔巨款。

↑年轻时的卡内基

　　回到家，卡内基只是像往常一样，将 11.25 美元薪水交给母亲，而将增加的 2.25 美元暂时留了下来，因为这笔钱对他来说实在太珍贵了。晚上临睡前，他把加薪的秘密告诉了弟弟，7 岁的小汤姆也感到吃惊。于是，弟兄俩兴奋地谈起了未来的事业，憧憬着将来要合开一家"卡内基兄弟公司"，赚好多好多的钱，送给母亲一辆闪闪发亮的马车，再也不让她像现在这样缝鞋缝到深更半夜了。他们谈了很久很久，才沉沉入睡。

钟爱图书馆

卡内基对工作很着迷,每天都要工作很长时间。他已经成为家里主要的经济支柱,父亲威廉却一直没能适应新的生活,与之相反,卡内基好像从这块新的土地上汲取了无穷的力量。在工作之余,卡内基很想多读点书来充实自己,可是,苦于家境贫穷,根本没有多余的钱买书。

当时的图书馆都是私人的,幸好有一天他在翻阅报纸时发现了一条消息:退役的詹姆·安德森上校愿意将家中所藏 400 册图书借给好学的青少年们。每逢星期六可以到他家借一本书,一星期后归还,再借另一本。于是,欣喜若狂的卡内基找到上校的家,借到了自己心爱的书。从此每到星期六,他都能和一个崭新的知识世界接触了。

后来,上校眼看借书的少年日益增多,便决计办一个私人图书馆。他到纽约添购了各种书籍,扩大了自己的书斋,又向市政府借了一间房,成立了一家真正的图书馆。

卡内基喜欢阅读,这个习惯一直延续到老。

卡内基从安德森图书馆里借到了许多好书,养成了喜爱读书的习惯,只要一天不看书,就觉得心神不宁。安德森使他在人生的黄金时期有了读书的机会。后来卡内基事业成功时,为了报答安德森先生的帮助,在其私人图书馆的原址,盖起大会堂和图书馆,并立碑纪念这位恩人。

这时候,卡内基开始承担起越来越多的家庭责任,工作要求他在宾夕法尼亚州四处奔波。与此同时,父亲威廉却越来越封闭,他执著地乘船在河上叫卖自己的那些斜纹桌布。直到有一天,卡内基在工作途中遇到了父亲。那晚卡内基睡在船舱里，而父亲却只能抱着一包斜纹桌布睡在甲板上。这次相遇是痛苦的，一边是事业蒸蒸日上的 18 岁男孩儿，而另一边却是他的被现代世界击败的父亲。卡内基爱他的父亲，但却看不起失败者，相比之下，他更崇拜意志坚定的母亲。

🔺 卡内基

第一桶金

19 世纪 50 年代初，美国正处于扩张的热潮中，铁路不断向西延伸。卡内基知道这片新的土地充满了机遇。1853 年，宾夕法尼亚州铁路公司西部管区主任托马斯·斯哥特看中了有高超电报技术的卡内基，聘他去当私人电报员兼秘书，每月薪水 35 美元。当时卡内基已是 18 岁的小伙子了，他怀着强烈的上进心走进了这个更为广阔的世界。

而这期间，在经历了多年失败的挫折之后，卡内基的父亲威廉于 1855 年 10 月 2 日去世。现在卡内基成了家里唯一的劳动力，母亲和弟弟都要靠他养活，但他对未来并不感到恐惧。一天，他回到家发现母亲在哭，问为什么。玛格丽特告诉他搬来美国是一个错误。卡内基却说："别怕，妈妈，总有一天我们会有一辆漂亮的马车，我们将在街上驶过。"艰苦的生活使他们母子间的关系更加紧密。

🔺 卡内基曾经学习生活过的地方

在宾夕法尼亚州铁路公司的工作使卡内基意识到与人打交道时必须有更高明的技巧才能成功。于是，他向

一个年轻的宾夕法尼亚姑娘学习社交礼仪，这对他日后在饭桌上的交际很有帮助。正当卡内基在宾夕法尼亚磨炼他的处世技巧时，美国却面临陷入内战的危机。他与一个来自伊利诺州的工人政客结成了政治联盟，这个政客就是亚伯拉罕·林肯。卡内基是废除奴隶制的坚决提倡者，向来认为奴隶制应该被取消，这与他的生活态度是一致的，他相信人类精神和人类心灵是崇高的。

1856 年，老板斯哥特向卡内基传授了很重要的一课，那就是资本是怎样运行的。斯哥特劝说卡内基买 10 股亚当斯快运公司的股票，共计 600 美元。当时，卡内基的全部积蓄不过 60 美元，但他决心设法凑够这笔钱。他与母亲商量，母亲提出以房屋做抵押来贷款。就这样，卡内基以贷款进行了第一次投资。不久，一张亚当斯公司 10 美元红利的支票就送到了卡内基的手里。虽然仅仅只有 10 美元的分红，但他从中得到了启发。之后，卡内基把分得的红利和从工资中挤出的钱投资到各种各样的公司……

1859 年，依靠着自己的聪明才干，24 岁的卡内基已经被提升为宾夕法尼亚铁路西段的主管，年薪 1500 美元，从此，卡内基逐步掌握了现代化大企业的管理技巧，而这种技巧，也在他后来组织庞大的钢铁企业时，得到了运用。

不久，敏锐的卡内基意识到铁路的延伸意味着更长的旅行，人们将需要可以睡觉的车厢，于是卡内基又充当"伯乐"，将卧铺车的发明者伍德卢夫引荐给宾夕法尼亚铁路公司，建立了一家火车卧铺车厢制造公司。而卡内基通过借贷投资买下该公司 1/38 的股份，仅 200 余美元的投资，一年之间分得的股票红利高达 5000 美元。于是他开始大

卡内基向宾州铁路公司提出了辞呈并在宾夕法尼亚州与人合伙创办了卡内基科尔曼联合钢铁厂。

额投资伍德卢夫公司,到 1863 年,卡内基在股票投资上已成为行家,这是卡内基积聚财富的真正开端。

那时候,战争威胁着美国,斯哥特让卡内基加入林肯总统的智囊团。卡内基奉命负责内战第一战役的电报通讯。此次经历让他坚定地认为战争应该像其他野蛮行为一样被杜绝。从战场返回之后,卡内基又来到匹兹堡,继续为宾夕法尼亚铁路公司工作。他总是对新技术充满了兴趣,所以当一个投资者给他看了怎样用铁桥代替木桥时,他就成了基础桥梁公司的合伙人之一。这也是他成为钢铁大王的起点。

构建钢铁帝国

卡内基在 1865 年,果断地辞掉了铁路公司的职务,开始一门心思地创办着自己的事业。他选择投入创办的是冶铁业,因为卡内基长期在铁路部门工作,他深知铁的重要性。所谓的铁轨、火车头、铁路标识和器材都是铁制造的一个标志,因此铁路的广泛兴建,也就急需冶铁业的加速发展。由此他开办了炼铁厂,从此以后,卡内基便开始涉足钢铁行业。

卡内基在辞职之前,他就曾带人修桥补路,而在此时,卡内基常常思考能不能用铁桥来代替木桥。当时的匹兹堡虽然钢铁工厂多如牛毛,但还只是处在起步的阶段。1863 年 7 月 4 日,南北战争的双方都开始使用军舰对抗,而给卡内基的警示就是帆船时代已经过去了,钢铁的时代即将到来。于是,在卡内基辞职之后,他便来到欧洲旅行,到伦敦考察了那里的钢铁研究所,同时又果断地买下了道茨兄弟发明的一项钢铁专利,他还买下了焦炭洗涤还原法的专利,卡内基认为,这两项专利会给他带来源源不断的财富。

卡内基回到美国之后,就开始鼓足勇气和干劲,大干一场。他把分散的资金聚集在一起,把以前自己入股的两

↑卡内基与商业合伙人

家公司合并起来，成立了联合制铁公司。

到 1867 年时，卡内基已十分富有。他把母亲接到了纽约，搬进了奢华的圣尼古拉斯酒店。玛格丽特终于过上了富足的生活，但卡内基需要的却是另外一种满足。生意关系和巨大的财富使他理所当然地有资格进入纽约的上流社会，然而他对拜金的人和以金钱为目标的事没有兴趣。他喜欢结交诗人、散文家、小说家和科学家。当别的富豪如约翰·皮尔庞特·摩根、洛克菲勒在收集艺术品时，他却在收集知识分子。通过手下的能人，卡内基开始遥控匹兹堡的公司，并在英国和法国的市场上进行证券交易，5 年之间他卖出了惊人的价值 3000 万美元的证券。但是，后来他停止了买卖证券，因为他不再喜欢用纸交易，不再满足于预测别人成功与否。

19 世纪 60 年代，美国的钢铁生产经营极为分散，从采矿、炼铁到最终制成铁轨、铁板等成品，中间需经过许多厂家，加上中间商在每个产销环节层层加码，致使最终产品的成本很高。此时的卡内基深知传统钢铁企业的这些弊病，于是，他决心建立一个面目全新的、包括整个生产过程的供、产、销一体化的现代化的钢铁公司。

在 1872 年，这时的卡内基则认为，在炼钢事业上大干一场的时机已经成熟了。第一，从技术上讲，成本低廉的酸性转炉炼钢法已经发明，他特地亲赴英国考察了发明者贝西默在生产中运用该法的实际情况。第二，美国的钢铁市场十分广阔，供不应求。铁矿在美国极为丰富，密歇根大铁矿已进入大规模开采阶段。第三，就财力而言，卡内基

卡内基图书馆。卡内基 1880 年回到家乡，第二年便捐赠予他的家乡第一座图书馆，此后他本人先后捐款 56,160,000 美元，建造了 2,509 所图书馆馆舍于欧美各国，其中 1,679 所分布于美国各社区中。

已拥有数十万美元的股票及其他财产,他决定改变四处投资的老法,将资金集中到钢铁事业中来。第四,最令卡内基信心十足的是他在钢铁公司10余年间所掌握的管理大企业的本领。于是,到1873年底,他终于与人合伙创办了卡内基—麦坎德里斯钢铁公司。公司共有资本75万美元,卡内基投资25万美元,是最大的股东。在随后的20多年间,卡内基使自己的财富增加了几十倍。从此以后,卡内基从事钢铁事业的生涯也就开始了。

荣归故里

1880年春,45岁的卡内基已经是个百万富翁,30年前他还是一个身无分文的穷孩子。尽管个子不高,但充满魅力的个性使他这个单身汉成为纽约社交界中备受瞩目的公众人物。他喜欢在中央公园里骑马,在那里常常有一个或是几个出身高贵的年轻女士陪伴他。后来,他发现自己经常只邀请一位女士做伴,这位女士就是路易丝·怀特菲尔德。卡内基曾向母亲玛格丽特保证过在她有生之年不结婚,所以他和路易丝一直只是保持着一般朋友关系。

1881年,卡内基策划了一次穿越英国的马车旅行,这是为了实现他在匹兹堡贫民窟向母亲许下的诺言。旅行的高潮是衣锦还乡,他带给故乡的礼物是他的第一个图书馆。马车在卡内基出生的小屋前停了一会儿,在那里,欢呼的人群迎接这位慷慨的苏格兰裔美国人。

也就是在这一年,卡内基实现了童年的梦想,与弟弟汤姆一起成立了卡内基兄弟公司,其钢铁产量占美国的1/37。

19世纪80年代中期,美国正处于艰难岁月,卡内基也遇到了生意上的问题。随着铁路建设的降温,公司的支柱——铁轨生产和销售的势头减缓了。1886年是卡内基一生当中最黑暗的一年,先是弟弟汤姆在匹兹堡病了,接着母亲玛格丽特又患了肺炎,几天之内他们相继去世。弟弟和母亲的死对卡内基的打击非常大。他被击垮了,几乎

🔻卡内基和路易丝

↑卡内基和夫人路易丝

病死，直到两个月后才康复。为了忘却伤痛，卡内基又重新投入到工作当中。

虽然卡内基对母亲的去世非常悲痛，但却摆脱了不结婚的誓言。经过7年恋爱，51岁的卡内基终于与29岁的路易丝结婚了，他们举行了一个简朴的婚礼。

罢工事件

卡内基本人一直以出身工人阶层而骄傲，然而，接下来的一次罢工事件终结了卡内基作为工人朋友的良好印象。那时候的工人们得到的回报就是每天2美元50美分的工资，没有福利，没有退休金。他们对卡内基的印象是从每周7天、每天12小时的工作中得来的。工厂里有没有手、没有胳膊的男人，还有十几岁的孩子。卡内基和其他管理者知道工厂里的条件，但却无动于衷，因为剥削给他们带来更多的利润。1889年，在宾夕法尼亚移民区的北塞木工厂，工人们用他们唯一的武器起来反抗，那就是罢工。但是管理层却拥有所有的权利，在卡内基的主要合伙人亨利·福里克的操纵下，一份协议很快就达成了。道理很简单，你不想干这份工作也没关系，因为还有成千上万的人等着在移民区的工厂里找活干。多年来，卡内基对他的企业一直进行着遥控管理，在弟弟汤姆死后，福里克就全权管理公司。

↑大罢工

1892年劳动协议出台，整个行业的工人都想知道工会能不能站出来保护他们的权益。但事情远没有那么简单，到6月末移民区的劳资纠纷已经闹得不可收拾。而当时卡内基却在苏格兰度假。与工会谈判破裂之后，福里克采取了极端的措施，用一道带铁丝网的栅栏挡住了工人们进入工厂的去路。7月1日，他关闭了在移民区的工厂，接着又做出了一个致命的决定——联系了当地的警署。7月6日凌晨，300名警员偷偷乘船顺流而下，奉命抢占工厂。在码头与愤怒的人群发生了激烈冲突。最终有十多人在冲突中死亡，工会领导人乔治·迪波特被捕，并被指控犯有叛国罪和谋杀罪，后来

一位同情他的法官判他无罪，但他就此丢掉了饭碗。其他罢工的人也遭遇了相同的命运。7月底，工厂重新开张了，并以低薪雇佣了一批新手。为了生存，许多原先参与罢工的人别无选择，只好脱离工会……

当卡内基回到匹兹堡后，他被这残忍的暴力和死亡震惊了。没有人知道福里克通过跨大西洋的电报向他通报了多少情况，但是卡内基再也不信任福里克了，两人之间产生了严重的分歧。卡内基试图通过修建社区设施来弥补自己的罪过，然而他的形象已经被破坏，无可挽回。几年前，他曾向公众表达过对劳动权利的看法，还为自己的工人阶级出身感到自豪。现在他的话被人们斥为谎言，这成为他一生当中最难以抹去的污点。

不管怎样，最终的结果是钢铁厂的工人成本进一步得到控制，利润迅速增长，卡内基的财产多得令人难以想象。不久，在明尼苏达州发现了铁矿，卡内基租下了那些土地，计划把矿石运往匹兹堡。这就需要有铁路和航运线，他进而又控制了这些运输线。当时美国决定建设一支常备军队，政府非常需要装甲，于是卡内基这个和平主义者又成了实用主义者，开始投资军工产品。1892年，卡内基把卡内基兄弟公司与另两家公司合并，组成了以自己的名字命名的钢铁帝国——卡内基钢铁公司。卡内基持公司半数以上的股份，成为当时公司最大的股东。这时的卡内基终于攀上了自己事业的顶峰，成为一位名副其实的钢铁大亨。在当时，卡内基与洛克菲勒、摩根并立，被称之为美国经济界的三大巨头之一。

不仅如此，卡内基钢铁公司的产品还被用来建造当时最伟大

卡内基（右），由于工人罢工对卡内基的形象造成严重破坏。卡内基在商业人生上相信社会达尔文主义，他认为财富是社会文明的根本，竞争决定了只有少数人才能成为富人，而大多数人（穷人）只能依附于富人而生活。但他又加一条宣称富人有责任用他们手里的钱来让整个社会受益。

的标志性建筑——布鲁克林大桥、纽约的摩天大楼、华盛顿纪念碑等。据推测,在当时,卡内基公司的价值达到 2500 万美元,而每年的利润竟能超过 2000 万美元。

到了 19 世纪末 20 世纪初,卡内基钢铁公司已成为世界上最大的钢铁企业。它拥有两万多员工以及世界上最先进的设备,年产量超过了英国全国的钢铁产量,年收益额达 4000 万美元。卡内基是公司的最大股东,但他并不担任董事长、总经理之类的职务。他的成功,在很大程度上取决于他任用了一批懂技术、懂管理的人才。时至今日,人们还常常引用他的一句名言:"如果把我的厂房设备、材料全部烧毁,但只要保住我的全班人马,几年以后,我仍将是一个钢铁大王。"

摩天大楼

回归的巨额财富

卡内基不仅在事业上取得了惊人的成绩,而且在生活中也享受着巨大的幸福。为了避免因为生孩子而失去他亲爱的路易丝,卡内基和妻子一直没有要小孩。有一次,路易丝染上了伤寒,病得很重,病中她拿一个枕头摇啊摇,好像那就是她的孩子。医生对卡内基说,如果她能够挺过去就应该让她有一个孩子。于是 1897 年 3 月 30 日,卡内基 62 岁时做了父亲。路易丝用卡内基母亲的名字给女儿取名为玛格丽特。

卡内基想给家人找一个可以被称做"家"的特殊的地方。他选中了苏格兰北部的斯基伯城堡遗迹,并雇佣当地的建筑承包商复原了石头墙,加上了彩色玻璃,还安装了一些当时闻所未闻的设施,比如中央供热系统。当一切都

完成之后，斯基伯城堡就宛如一个童话世界。英格兰的爱德华七世国王是斯基伯城堡的常客。有一次，他主动提出要封卡内基为爵士，卡内基却回答说："我已经是钢铁大王了，为什么还要做爵士呢？"

原来，卡内基早在他33岁那年，曾经在日记上写下了这样的一段话："对金钱痴迷的人，是品格卑贱的人。如果我一直追求能赚钱的事业，有一天自己也一定会堕落下去。假使将来我能够获得某种程度的财富，就要把它用在社会福利上面。"如今，年逾花甲的卡内基已经功成名就，他决定心安理得地退休，用自己的巨额财富去做他早已想做的事情。早在1889年，他在《财富的福音》一书中宣布："我不再努力挣更多的财富。"他主张富人在为社会服务上负有道德责任。于是，接下来发生的一件事促使他的意愿能够迅速实现。

卡内基在收购福里克的股份时与其发生了激烈的争执，这一场争斗威胁到了公司的稳定。为了解决这一危机，卡内基的合伙人之一查尔斯·施瓦伯秘密会见了金融家约翰·皮尔庞特·摩根，并且提出了一个惊人的建议——卖掉卡内基的股份。当摩根表示有兴趣之后，施瓦伯鼓起勇

🔼卡内基在自己事业的最巅峰，放弃了所有的一切，追求另一种自由、无拘无束的生活，并为慈善事业做出了巨大的贡献。

引退后，卡内基的生活发生了巨大的改变：他首先设立了救济和养老基金，以向帮助他取得事业成功的员工们表示感谢；接着，为帮助有志上进而家境贫穷的年轻人，他在纽约市捐款建立了68座图书馆……

卡内基设立的卡内基图书馆

气接近卡内基。卡内基听完了施瓦伯的话后什么也没说就回家了。当天下午和晚上，他对这个建议进行了周密的考虑。第二天他在一张纸上写下了报价以及支付的方式，并派信使送给摩根，有史以来最大的一笔交易就这样完成了。

1901年2月，摩根来到卡内基的家与卡内基握手，他说："卡内基先生，我想祝贺你成为世界上最富有的人。"在当时，卡内基公司和所有的股份共值4.8亿美元，相当于今天的125亿美元。为此，卡内基成为了世界上最富有的人。这一年，他正式退休。此后，卡内基就开始实施他把财富奉献给社会的这一伟大而宏伟的计划。

1901年，也就是卡内基引退后的第一年，他首先拿出500万美元为炼钢工人设立了救济和养老基金，以向帮助他取得事业成功的员工们表示感谢。那时候还没有免费的公共图书馆，只有私人图书馆和社团图书馆，卡内基的奉献创造了公共图书馆这一体制。为了帮助有志上进而家境贫穷的年轻人，他当年在纽约市捐款建立了68座图书馆。这个图书馆建设事业持续了16年，而卡内基也总共捐资达到了1200万美元，兴办图书馆共3500座。1902年，他捐款2500万美元，在华盛顿创立"卡内基协会"，由美国国务卿约翰任会长，主要用来发展科学、文学和美术事业。该协会曾建造一艘"卡内基"号海洋调查船，修正了世界航海图。此外，他还在加州山顶上建造威尔逊天文台来观察太空。对这个协会，卡内基在随后的一些年里一再追加资金，累计捐款达7300万美元。1905年，卡内基教

师养老金成立，卡内基捐赠 1000 万美元。与此同时，卡内基在他的第二故乡匹兹堡创办了"卡内基大学"。后来，又在美、英各地捐资创办了各种学校和教育机构，而这类用于建造教育设施的捐款，就已经达到了 9000 万美元。

卡内基在随后的几年当中，又设立了若干项基金。此时的他又捐资 500 万美元，并设立"舍己救人者基金"，对在突发事件中为救助他人而牺牲或负伤的英雄及其家属予以奖励或救济；他捐资 3900 万美元，设立"大学教授退休基金"，以保障教育家的晚年生活；他还设立了"总统退休基金"和"作家基金"，对美国总统或作家的晚年给予了资助。此外，他向 11 个国家提供了"卡内基名人基金"，并以 1000 万美元设立"卡内基国际和平财团"，专门资助为世界和平做出贡献的人们。1911 年，由于年迈的卡内基夫妇在这 10 年来一直直接参与捐献的工作，身心都深感疲惫，因此，这时的卡内基决定以仅余的 1.25 亿美元成立为卡内基有限公司，从此由公司的人员来代理他们的捐献工作。

卡内基一直有个未了的心愿，那就是世界和平。他认为，如果能够促成他的朋友——德国的威廉二世与欧洲其他国家的首脑以及美国领导人西奥多·罗斯福会面，就可能达成持久的和平。然而受到民族主义殖民扩张的影响，现代工业社会是一个缺乏宽容精神的世界。卡内基的努

⬆卡内基——塔斯基基金会成员与卜克·华盛顿的合影

力遭到了媒体的嘲笑,甚至他的慈善事业也招来非议,因为过去从未有过像他这样规模巨大的捐赠,他的善行导致了人们的猜忌。正当卡内基认为他就要促成各国领导就和平问题召开意义深远的会议时,第一次世界大战爆发了。战争使卡内基一下子衰老了很多,健康状况急剧恶化,他还被迫离开了斯基伯城堡。

1919 年 4 月 22 日,卡内基陪着当新娘的女儿走进教堂,这是他最后一次公开露面。8 月 11 日,84 岁的卡内基在美国雷诺克斯市的别墅中因肺炎而谢世。这位出生于苏格兰的伟大人物,从不名一文的移民成长为堪称世界首富的"钢铁大王"。而在功成名就之后,他又将几乎全部的财富捐献给了社会。他生前捐赠款额之巨大,足以和死后设立诺贝尔奖金的瑞典科学家、实业家诺贝尔相媲美。

卡内基给这个世界留下的宝贵财富并没有因为他的死而受到丝毫影响,卡内基生命结束之前,他都在为社会积极地奉献着他的财富,其捐献总额高达 3.3 亿美元。当

卡耐基的战略眼光和战略决断能力堪称一流。

然,在他身后,"卡内基公司"及各项卡内基基金依然在实施他的捐献计划,况且这笔巨款还在不断地增加利息、赚进红利,实际上他在世界上捐献的数额远大于这个数字。同时,妻子路易丝继承了他未竟的慈善事业,直到 1946 年去世。女儿玛格丽特后来生育了 4 个孩子,现在卡内基有 50 个直系后代。他们遵守了卡内基的信条,没有一个继承了实业家的大笔财产。事实上,卡内基留给后代的遗产比任何东西都要丰富,他创建的 22 个慈善机构中有 20 个依然存在且运行良好,这是极为伟大的成就。今天的卡内基公司致力于帮助全世界的儿童,其资产超过 10 亿美元。以卡

↑ 卡内基－麦龙大学

内基的名字命名的机构如卡内基－麦龙大学，或是全世界 3000 多所图书馆中的任何一家，都牢记着卡内基有关教育的信条。美国的大多数人很可能不知道卡内基当年创造的财富正在给他们今天的生活带来好处，但卡内基以奇妙的方式默默无闻地影响着成千上万的人们的生活。

如今在美国来讲，"钢铁大王"卡内基的名字是个传奇，同时也是令人百思不得其解的谜。他与"汽车大王"福特、"石油大王"洛克菲勒等大财阀一样，在当时的美国，曾经影响着整个国家的金融状况。但让世人更为惊讶的是他在事业最巅峰的时期，放弃了一切，去追求另一种自由自在、无拘无束的生活，并为社会的慈善事业作出了巨大的贡献。卡内基，这样一位从贫穷的少年到乐善好施的巨商，他富有传奇性的一生，至今为人们所传颂。人们会永远记得他那句名言："在巨大财富中死去是一种耻辱。"

大事年表

1835 年　11 月 25 日，安德鲁·卡内基出生在苏格兰的古都丹弗姆林。

1848 年　5 月 17 日，卡内基一家登上了去美国的"维斯卡塞特"号轮船。

1849 年　卡内基在欧雷利电报公司做送信员。

1853 年　卡内基进入宾夕法尼亚州铁路公司工作。

1855 年　10 月 2 日，卡内基的父亲威廉去世。

1859 年　卡内基晋升为宾夕法尼亚铁路西段的主管。

1865 年　卡内基辞掉宾夕法尼亚铁路公司的职务。

1873 年　年底卡内基与人合伙创办了卡内基—麦坎德里斯钢铁公司。

1881 年　卡内基与弟弟汤姆一起成立了卡内基兄弟公司。

1887 年　卡内基与路易丝·怀特菲尔德结婚。

1889 年　卡内基出版了《财富的福音》，主张富人在为社会服务上负有
　　　　　道德责任。

1892 年　工会罢工事件终结了卡内基作为工人朋友的印象；卡内基把
　　　　　卡内基兄弟公司与另两家公司合并，组成卡内基钢铁公司。

1897 年　3 月 30 日，卡内基的女儿出生，取名为玛格丽特。

1901 年　卡内基以 4.8 亿美元价格将股权卖给金融家 J·P·摩根，
　　　　　正式退休。

1902 年　卡内基捐款 2500 万美元，在华盛顿创立"卡内基协会"。

1905 年　卡内基教师养老金成立，卡内基捐赠 1000 万美元。

1911 年　卡内基用 1.25 亿美元成立了卡内基有限公司。

1919 年　8 月 11 日，卡内基在美国雷诺克斯市的别墅中因肺炎而谢世，
　　　　　享年 84 岁。

摩　根

　　人们都知道，美国纽约华尔街是世界金融中心，而华尔街真正的金融大鳄就是摩根财团。19世纪后期，美国几乎所有的大型融资活动都是由摩根财团牵头组织的。发展到今天，摩根财团已经是有百年历史的世界富豪。摩根财团有这样的地位，首先应归功于它的创始人——约翰·皮尔庞特·摩根，后人也称"J·P·摩根"。

　　面对这个如雷贯耳的名字：洛克菲勒财团曾栽倒在他的脚下；"钢铁大王"卡内基曾遭受他几乎致命的打击；罗斯福总统曾向他妥协；甚至连多国政府都向他借钱……总之，他被称为财大气粗的世界债主并获得了银行行业史上前所未有的商业权力。

首次冒险

17世纪初,摩根家族的祖先在新大陆淘金的浪潮中移民美国,定居在马萨诸塞州。到约翰·皮尔庞特·摩根的祖父约瑟夫·摩根的时候,祖父卖了在马萨诸塞州的农场,定居哈特福。像其他犹太人一样,摩根家族一直延续着赖以生存的商业传统。约瑟夫·摩根最初经营一家小咖啡馆,经过苦心经营稍有积蓄后,他先是出资买下了一家很气派的大旅馆,然后又购买了运河的股票,成为汽船业和铁路股东。但是,真正显示其投机者和冒险家本色的当属其在保险业的投资——约瑟夫所在的哈特福是美国保险业的发祥地。

尽管摩根的父亲基诺斯·斯宾塞·摩根没有爷爷那种魄力,但也从16岁开始就闯荡波士顿的商行,23岁开始自己就经营一家资产为5万美元的干菜店的生意,并在那一年娶了皮尔庞特为妻;后来,基诺斯·斯宾塞·摩根投身英国伦敦,成为伦敦金融界令人刮目相看的金融大师。1837年4月17日,约翰·皮尔庞特·摩根,在这个有着悠久商业传统的家庭中诞生了……

祖父和父亲都是成功商人,约翰·皮尔庞特·摩根在富裕的家庭环境中得到了良好的教育和培养,似乎是受家庭的影响,摩根从小就具有经商天赋,富有冒险和投机精神。1857年,摩根毕业于德国哥廷根大学。大学毕业以后,他就回到美国进入邓肯商行工作,师从查尔斯·达布尼学习财务。

年轻的摩根身材高大,身形魁梧,目光炯炯。良好的家境和

哈特福

无可限量的远大未来让刚满20岁的他看起来野心勃勃。有一次，他被商行派到古巴哈瓦那采购海鲜货物刚刚返回，货船在新奥尔良码头做短暂地停留，年轻的摩根决定到码头上去散散步，领略一下当地的风情。

↑摩根毕业于德国哥廷根大学

摩根兴致勃勃地边走边看，新奥尔良码头，一片繁忙，装卸工人正在忙着搬运货物……

这时，有人从背后拍了拍摩根的肩膀，摩根回头一看是一位身材高大的陌生人。

"先生，我注意你很久了！"陌生人说道。

"是么？有什么高见？"摩根问道。

"也没有什么，我只是想问问你想买咖啡吗？我愿意半价卖给你！"

有这么好的事情，摩根心中一动。

于是，他同这位陌生人来到码头边的酒馆，两人开始攀谈起来。从交谈中摩根得知，这位陌生人是一位来自巴西的货船船长，专门从巴西运来了一船咖啡给一个美国商人，可不走运的是，那位商人破产了，无法再买咖啡了，他只好自己找买主了。

↑约翰·皮尔庞特·摩根

"先生，如果你真有诚意的话，我完全可以半价卖给你！"

"是吗？那你为什么愿意半价卖给我呢？"摩根反问道。

"说实话，你要是买了，就等于帮了我一个大忙。"

"怎么讲？"

"你知道，我大老远的从巴西运这些东西过来，这些咖啡用的是我自己的资金

作为美国近代金融史上最著名的金融巨头，摩根一生做了太多影响巨大的事情。但最辉煌也最能体现其实力的是，在他半退休时，几乎以个人之力拯救了1907年的美国金融危机。

摩根的父亲

购买的，原本以为可以赚上一笔的，可是现在……唉！我找了很多人，他们都不愿意购买，我看您穿戴考究，就想碰碰运气。你要是不愿买的话，我只有破产了！"船长动情地说，"而且你完全可以放心，我的这些咖啡都是巴西原产的，绝对可靠！"

摩根有点动心了，毕竟这么廉价的货物是很难买到的。

"不过，先生，你要是决定买的话。我希望能够是现金交易。毕竟你知道我不能在这里呆太久，我还要返回巴西。"船长解释说。

摩根权衡了一下，他仔细地检查了一下船长给的样品，决定把全部的咖啡都买下。

于是他就给邓肯商行发电报，告诉自己的决定。可是商社的回电无疑给了年轻的摩根当头一棒："不许擅自使用商社的名义！""必须立刻撤销交易！"许多人都反对摩根的决定。

可是摩根坚信自己的判断，他给父亲发电。在父亲的支持下，他买下了船长的咖啡，而且还把其他几条船上的咖啡都以低廉的价格购买下来。

年轻的摩根决定大干一场。他耐心地等待机会。很快，机会果然垂青了这位极具冒险精神的年轻人，当时巴西咖啡因为受到气候的影响，产量剧减，市场供应量减少了许多，咖啡的价格一下就上涨了好几倍。凭着自己的冒险精神，年轻的摩根掘到了自己人生的第一桶金，他大大赚了一笔！为此，老摩根对儿子的能力大加赞赏。

好事眷恋着摩根。1861年的10月7日，摩根同心仪的亚美莉小姐结婚了，婚礼是在新娘家的豪华宅邸举行的。这是一个不寻常的婚礼，因为年轻的新娘早已病入膏肓，婚后不久便撒手人寰。

妻子死后，摩根极为伤心。他带着妻子的骨灰返回了纽约。父亲鼓励他振作起精神，把精力放在事业上，他就会从梦魇中恢复过来。父亲从

儿子在那场咖啡交易中已认识到他是一个人才。1861年，老摩根为摩根在华尔街纽约证券交易所对面的一幢建筑里，挂起了一个新招牌——摩根商行。老父亲充分相信自己儿子的经商能力，认定他一定会青出于蓝而胜于蓝的。在这里，摩根开始了他的发迹生涯。

投机黄金

1862年，美国的南北战争已经爆发，林肯总统颁布了"第一号命令"，实行了全军总动员，并下令陆海军展开了全面进击。

一次，摩根和一位新结识的朋友克查姆在闲聊中听到这样一句话："我父亲在华盛顿打听到，最近一段北军的伤亡惨重！"这位华尔街投资经纪人的儿子无意中说道。

摩根一个激灵，不觉说道："如果有人大量买进黄金，汇到伦敦去，会使金价狂涨的！"克查姆听了这话，大为赞赏，于是两人精心策划起来。最后，商量出了这么一个计划：先秘密地买下400万～500万美元的黄金，到手之后，将其中一半汇往伦敦，另一半留下，然后有意地把往伦敦汇黄金的事泄露了出去。这时，估计许多人都应该知道北军新近战败的消息了，金价必涨无疑，这时再把手里的一半黄金抛售出去。

两人马上付诸行动，而事情也正如他们所预料的那样：黄金价格转眼间涨得飞快，不但纽约的金价上涨，连伦敦的金价也被带动得节节上扬，摩根与克查姆可谓大获全胜，赚足了钱。《纽约时报》对此次金价上涨做了调查，得出结论说："没有任何正当理由来解释此次金价暴涨，这次涨价根

美国南北战争是美国历史上一场大规模的内战，摩根得到军情，在此期间囤积了大量黄金，最终黄金上涨，摩根获益匪浅。

本与军需品、粮食、棉花等的输出和输入无关。这一事件的实际操纵者是纽约的一名青年投机家——约翰·皮尔庞特·摩根。"

尝到甜头的摩根越发意识到，抓住机会，掌握信息，冒险就是财富。为此，摩根千方百计地弄到了一位原陆军部电报局的接线员——史密斯，让他来摩根商行做电报工作。史密斯的好友文尼尔上校是北军统帅格兰特将军的电报秘书，通过这种关系，摩根就能比其他任何人都抢先一步获得准确的前线最新军事情报。

不久，这种安排就发挥了巨大的作用。1862 年 10 月的一天，摩根收到了父亲从伦敦发来的电报："南军用来突破北军海上封锁线的炮舰，都是英国的造船厂承造的。合众国为此再三向英国政府提出抗议，然而英国方面却毫不理会。为此，林肯总统和国务卿斯瓦特正通过美国驻英大使亚当斯，向英国政府发出最后通牒，要求停止为南军造船，你要特别注意华尔街的动向！"

摩根马上通过史密斯向华盛顿查询，得知林肯总统这次是下定了决心，态度强硬，甚至不惜与英国撕破脸皮。

不久，老摩根又发来了电报："英国政府已答应了美国政府的要求，停止承造南军的炮舰，但必须有个先决条件，即 5 天之内美国政府必须准备价值近 100 万英镑的赔偿款，作为对各造船厂停工的补偿。"

从摩根的祖父墨夫到他的父亲 J·S·摩根，摩根家族经商都很成功。也许正是因为这种特殊的家庭氛围与商业熏陶，摩根从年轻时就敢想敢干，极富商业冒险和投机精神。

很快，一份新的电报又到了："亚当斯大使穿梭于伦敦金融界，到处游说，希望能得到帮助，然而他失败了。事已如此，美国的皮鲍狄公司被委托在 24 小时内准备好价值 100 万英镑的黄金。这一消息属于绝密，你可以见机行动。"

摩根毫不犹豫，立刻大量购进黄金。不久，由于皮鲍狄公司大量吃进黄金，金价飞涨，摩根趁此机会卖出黄金，因此又大大赚了一笔。此时正是 1863 年，年轻的摩根年仅 26 岁，此后，他解散了摩根商行，另组达布尼·摩根公司，从事政府债券业务。

购买国债

1866年，摩根重新结婚，他的妻子是法兰西斯·崔希。1867年，摩根的独生子出世，与他同名，世称小摩根。已具有丰富投机、经营经验的摩根成了华尔街名声大噪的银行家。如今，他已不是当初倒卖咖啡小打小闹的小青年了，而成了大手笔的人物，在这以后的几年里，摩根又抓住时机，为事业开创了一个新的局面。

1871年的法国政局一片混乱。在经历过普法战争和巴黎公社革命的大动荡之后，成立于法国西部加伦河畔的波尔多临时政府的首脑——梯也尔，给摩根的父亲拍发了份"速来"的紧急电报。

基诺斯·斯宾塞·摩根火速前去会见。原来梯也尔想让基诺斯·斯宾塞·摩根包销国债，金额为2.3亿法郎，约合5000万美元。5000万美元，在当时是个相当大的数字！老摩根经过再三思索，决定承购这笔法国国债，他指示在纽约的摩根接受一半的国债在美国消化掉。但鉴于一个人承担如此大的一笔数目可能负担过重，老摩根想到一个新点子，把华尔街上大规模的投资金融公司集合起来，成立一个国债承购组织，共同承购国债。

🔲 老摩根和小摩根

🔲 19世纪的银行

摩根觉得父亲这个想法非常高明，立刻着手实行。这种方式其实就是各机构分摊风险，来消化掉那5000万美元的国债，这在当时确实是一个大胆而富有创意的想法。

然而，正当摩根为此事拼命努力时，他的付出却遭到了舆论界的无情打击。《伦敦经济报》这样评论："发迹的美国投资家 J·P·摩根承购法国政府的国家公债。承购者想出了所谓的'联合募购'的方法来消

世界大企业家成功故事

化这些国债，并声称这种方式能将风险透过参与'联合募购'的多数投资金融家，逐级地分散给一般大众，而不再像以往那样集中于某个大投资者手中。表面看来，似乎因分散而降低了风险性，但其实假如经济恐慌一旦发生，其引起的不良反应就快速扩张，有如排山倒海一般，反而使投资的危险性增加。"在纽约舆论界，也有类似的评论。

一时间，如潮水般的评论汹涌而至，大众的目光都集中到了摩根身上……而后来的事实证明，"联合募购"是成功的，摩根成功地消化掉了5000万美元的法国国债。这一来他名声大振，各种赞扬之声不绝于耳。到了后来，对国债实行"联合募购"几乎就成了不成文的规矩，而摩根在这一行中早已确立了自己的领袖地位。

面对危机

南北战争前，美国资本主义生产已日益扩大。战后，生产集中的过程迅猛发展。在工业资本迅速集中的同时，银行资本也日益集中。南北战争以后，工业和铁路发展需要巨额资金，其长期资金一般通过发行公司债券取得。因此，以发行和包销有价证券为主要业务的所谓投资银行，在金融界占有重要地位。

1871年，摩根和安冬尼·德雷克塞尔合办了德雷克塞尔—摩根公司，这是一家从事投资业务的银行，但摩根清楚地知道，这仅仅是开始，下一步将是他的垄断之梦。

1873年的9月，席卷美国的一场经济危机爆发了。这场危机，让美国工商业由战后的繁荣走向萧条，而持续时间之长是历次周期性经济危机中少有的。这场危机的引发点在于战后新兴的工业牟取暴利几乎达到疯狂的地步。私人企业为了谋求更多的利

约翰·皮尔庞特·摩根在哈得逊河畔拥有的码头。

润,盲目地扩大生产。他们生产得太多了——机器、钢铁、纺织品等等,一切都显得太多了。资本贵族的财富在膨胀,过剩的产品堆积如山,而政府和企业主又不断压低人民的购买力,于是市场萎缩,商业开始萧条了。

1873年9月18日,费城头号富翁杰伊·科克开设的费城银行倒闭,这象征着金融的全面破产。平纺机的嘈杂声和其他机器的轰鸣声戛然停止,到处呈现出一派恐慌的景象。

华尔街的首富们相继破产倒闭了,这在美国金融界引起了一连串的连锁反应,接连有40余家公司跟着破产倒闭,造成了一场经济恐慌。摩根综观风云变幻,颇为感慨:"时代在变!过去的投资法已过时,新的时代需要有新的投资法,以后美国应该是投资银行家的天下!"

在以后的几年中,摩根接受以往投资者的失败教训,小心谨慎地等待着时机,最终机会还是来了。1877年,新任总统海斯在经济政策上,决定恢复使用硬币支付,签署了为维护复本位制和铸造银元的《布兰德—艾利森法》。此外,政府还提出了发行5000万美元国库金币作为保证的新国债。

对于政府的财政政策,巴黎、伦敦的许多金融巨头并不赞同,甚至动手脚从纽约回收黄金,以威胁正币复原。

图为摩根在麦迪逊街219号的大厦

摩根倒觉得十分可取,因为他认为,首先有国库金币的保障,这桩生意不会有问题;其次,借此机会可以对美国的财政政策施加影响。摩根在取得父亲和合伙人的支持后,决定承购这批国债。

事实证明,摩根的判断是正确的,他又赢了。四十多岁的摩根,已取得辉煌的成就——雄伟壮观的德雷克塞尔—摩根公司大厦,巍然屹立在华尔街一块三角地上,跟美国联邦政府的财政金库和纽约股票交易所相邻,成为全美金融界举足轻重的一面旗帜。

摩根在麦迪逊街219号购买了一栋昂贵而豪华的住

宅;他还在哈得逊河畔购买了一座大别墅,豪华而宽敞,场地内有网球场等,可随时到此度假;在哈得逊河畔,他又买下一个码头,以供自己的"海盗"号游艇进进出出。摩根坐在他的大厦内,聆听着楼顶悬挂的星条旗猎猎作响,俯瞰着纽约城街道、建筑、河流,一种豪气油然而生。

"铁路大战"

南北战争前,一般的中小企业仍是规模极小的家庭式工场,他们所需的周转资金,只要向本州的商业银行或地下银行借款就绰绰有余了,但这样的场面并没有维持多久。随着资本的需求剧增,企业所需的资本越来越多了。很快地,以往为小商品生产者提供资金的商业银行就显得对新形势力不从心了,而投资银行正好顺应了潮流,可以提供更多、更灵活的资本。

而这时的企业界,开始产生各种联盟与托拉斯。无论如何,想在激烈的竞争中求得生存,同时又想增加利润,就必须组成更强有力的企业联合。当时美国产业界最重要的运输手段就是铁路,铁路也未能逃脱企业联合的命运,尤其南北战争之后,各地铁路纷纷营建成为美国热门,而在战争中发了不少财的银行家摩根当然不会放弃这个发财的大好机会。

南北战争后铁路纷纷修建,商业大亨们为了争夺铁路的控制权展开了争斗。

而在当时的华尔街还有一位年轻的投机者乔伊·顾尔德,他的手段同样也非常高明。这个传奇人物曾经与华尔街当时的"铁路大王"范德比尔特争夺伊利铁路的所有权,最后大获全胜。现在,他正野心勃勃地想夺得萨斯科哈那

铁路的所有权——萨斯科哈那铁路起于纽约州首府奥尔巴尼，通到宾夕法尼亚州北边的宾加奴顿，虽然全长只有约227千米，但地理位置极为优越，是联结东部工业城市与煤炭产地的大动脉、煤炭产销的重要途径。

面对着这一令人垂涎的"猎物"，乔伊·顾尔德和约翰·皮尔庞特·摩根棋逢对手。

乔伊·顾尔德先下手为强，他用各种手段弄到了萨斯科哈那铁路公司半数以上的股份，宣布辞退萨斯科哈那原总裁拉姆杰。拉姆杰总裁被辞退后，心中一直愤愤不平。为了雪此奇耻大辱，他一直想寻机报仇。后来，机缘巧合，有人把拉姆杰总裁介绍给了约翰·皮尔庞特·摩根。

摩根在详细研究了所有资料后，与两位律师——崔西和韩特商量出了一份几乎无懈可击的上诉，要求法院推翻以前被顾尔德贿赂了的巴纳德法官做出的撤销拉姆杰职务的判决……后来，又经过摩根的部署和安排，拉姆杰继续担任总裁，摩根被选为副总裁，他们大获全胜！此时的摩根已经牢牢控制了萨斯科哈那铁路的实际权力，而这只是他迈向铁路投机业的第一步。

↑康内留斯·范德比尔特，美国企业家，主要从事航运和铁路业，美国历史上最富有的商人之一。

1879年的一天，"铁路大王"的儿子——威廉·范德比尔特邀请摩根到他家赴宴，闲谈之间，范德比尔特告诉摩根，他想出让纽约中央铁路的股份。这对摩根来说不啻于天上掉下来的惊喜，但他脸上丝毫不露。

"你打算出让多少股份呢？"摩根语调平静。

"35万股，将近50%吧。我厌烦透了报纸上对我的责难，说什么我是多爪章鱼，紧握着纽约中央铁路的股份不放，这样一来，我可能就不会受到批评了。"范德比尔特说。

"50%的股份，这可是个天赐良机。"摩根暗想，"那每股

🏛 纽约中央铁路车站

🏛 摩根会见商业上的朋友

你打算开价多少？"

"大约 120 到 130 点吧。"

"恕我直言，我认为，目前纽约中央铁路股票的时价是 115 点左右。"

摩根也不敢压得太低，怕激怒了范德比尔特，反而不卖了。

"那也行。"范德比尔特答道。

"那么，就由我父亲在伦敦负责销售，你看如何？"

"那太好了！"

就这样，摩根承购了范德比尔特的纽约中央铁路股票，把大部分买进了自己的名下。出于对摩根的"直爽"的感激，范德比尔特还答应了摩根的两个条件：一、在5年内享有8%的股票红利；二、今后不管股票再转让给谁，摩根手里都有一份公司干部的空白委任状，摩根就这样把纽约中央铁路置于自己的控制之下了。

这次私人企业股票交易的规模是空前的，同时，美国铁路股票以个人交涉方式达成秘密交易，这也是首次。摩根通过这次交易，在纽约中央铁路中布下了阵势，他本人成为铁路的负责人之一。由于控制了纽约中央铁路这样的干线，在铁路业中渗透的目的就达到了，不仅如此，摩根在伦敦的信用大大增加了。

之后，摩根又打破惯例，发表了一篇计划，详实精密地阐述了他的经营策略与铁路的进一步扩充计划。他打算把纽约中央铁路的网路加以改造，并降低车费，以此使顾客受惠。由于摩根的一系列措施，纽约中央铁路经营业绩很好。当初以 115 点买入的股票，很快就涨到了 132 点，继而又到了 135 点。摩根在这一交易中赚到了 300 万美元，但更重要的是，他为自己赢得了伦敦和美国金融界与企业界的信任和肯定。

19世纪后半期，铁路的发展速度很快，但也存在很严重的问题。重复建设，各个铁路之间难以衔接，都造成了人力、物力、财力的浪费。目光远大的摩根明白这样发展下去是不行的，他决心对铁路行业进行一次大的整合，从而彻底实现铁路业的"垄断"，这就是后来所谓的"摩根化体制"。

1889年，摩根说服了铁路巨头搁置恶性竞争、化解纠纷，又趁经济萧条时期铁路公司大量倒闭之机，对几大铁路运营商进行重新规划。为实现对破产铁路企业的控制。摩根出面组建了一个专门对债权人负责的信托委员会。委员会由4~5人组成，实际的控制权则在摩根一人。委员会下设一个委托公司，即"托拉斯"，来处理日常事务。通过这一安排，摩根不但迅速实现了对大量铁路企业的控制，又不致引起非议。

1894年，德雷克塞尔死了，摩根主管德雷克塞尔—摩根公司，并把它改名为"J·P·摩根公司"。

到1900年，在摩根直接间接控制之下的铁路长达10.8万千米，差不多占当时全美铁路的2/3。这种构想，石油大王洛克菲勒此前也有过，但并没有成功。而摩根并没有比洛克菲勒更雄厚的财力，但却完成了，因为他能调度掌控的资金往往高达几十倍甚至成百倍。若没有十分高明的手腕，是不可能运转自如的。后来洛克菲勒都承认，摩根调集资金的能力是自己所不能企及的，摩根已经成了名副其实的"铁路大王"。美国铁路界和金融界的经营都带上了"摩根化"的色彩，经济界称此为"美国经营摩根化"——他开创了"摩根时代"，即金融寡头支配企业大亨的时代。

▲摩根的游艇海盗船

世界债主

1898 年，美西战争爆发，摩根敏锐地感觉到国际投资时代已经到来。而在美西战争之前就有消息透露：墨西哥政府由于无力偿还西班牙政府的旧债，已到了破产的边缘。墨西哥政府在一只脚已经踏向深渊的情况下，当局不得不继续着手发行公债，计划金额将达到 1.1 亿美元，以利用新债偿还旧债，渡过眼下的危机和难关。

一般情况下，常人不会去认购墨西哥政府在此情况下发行的公债，但摩根的想法却与众不同。经过对墨西哥当局的理智地分析和权衡之后，摩根做出一个大胆的决定：收购墨西哥发行国债！而后来的事实也证明，摩根的决定是正确的。这次行动的成功，不仅华尔街、庞德街，就连法兰克福及巴黎的商人们都佩服摩根头脑敏捷，判断准确。摩根的名声和投资眼光令世人称颂。

美西战争的爆发使摩根感觉到国际投资时代已经到来

当人们还沉浸于摩根在墨西哥的大手笔时，摩根丝毫没有停止他的步伐，他又以救世主的形象在阿根廷出现！当时，阿根廷经过 1864—1870 年的巴拉圭战争后，元气大伤，到了 19 世纪 90 年代，阿根廷陷入了严重的经济危机。伦敦的哈林公司以阿根廷的广大土地作为抵押，购买了大量的阿根廷公债，获利不少，然而受其财力限制，无法承担阿根廷政府发行的全部公债。这使摩根陷入沉思：阿根廷的铁路非常有潜力，乳酪产品在世界驰名……更重要的是对自己以后在南美的发展也有好处。经过细心权衡，摩根在此刻果断出手，购买了 7500 万美元的阿根廷政府公债！

相对于眼前的获利,他更看重的是阿根廷今后发展的无限潜力。

做各国的债主令摩根志得意满,风光无限,而最令他得意的是连大英帝国都不得不向他求援。19世纪晚期,在南非相继发现世界上最大的钻石矿和金矿。英国也觊觎这些宝藏,为了开发钻石与黄金,英国制订了残酷而苛刻的殖民地政策,这样就进一步加深了与原先就住在那儿的布尔族人的矛盾。随着矛盾冲突的激烈,于1880—1881年爆发了第一次布尔战争。不久,英国人胜利地将布尔族人驱逐到了北方,将黄金与钻石的产地统统收归己有,加以管制。这样一来,英国人与布尔族人的对立进一步加深,终于又在1899年爆发了第二次布尔战争。

在交战过程中,布尔族人吸取了第一次战争失利的教训,采用灵活而顽强的游击战与英军周旋,使英帝国的远征军备受困扰,进退两难。在第二次战争开始后,英国的战争费用出乎意料地庞大,远远超出人们开战初的预期。而恰在此时,历来与英国争锋的德意志皇帝,又正野心勃勃地计划建造一支大舰队。英国一直称霸海上,面对德意志毫无顾忌的挑衅,英国毫不犹豫地与德国展开了轰轰烈烈的军事竞赛。

▲第一次布尔战争

一边与殖民地频繁作战,一边是庞大的军事支出,英国财政从此陷入了极端困难的状态,不得不向他人求救。这时,英国政府首先就想到了摩根,于是派罗斯查尔公司纽约代表处的贝尔蒙来征询摩根的意见,向他求援。而摩根听后竟毫不推辞,一口答应了下来。他首先从第一次布尔战争的公债下手,负责购买了价值总计1500万美元的公债。后来又反复地追加认购,最后总共认购了价值达1.8亿美元的英国政府公债。

就这样,摩根先后成了法国、墨西哥、阿根廷、英国……许多国家的债主,做了这么多笔战债、公债生意,对摩根来说是利益无穷。到了20世纪初,可以毫不夸张地说,摩根已经成了世界的债主。

涉足钢铁业

虽然摩根在铁路上获得了成功,但他并不满足于铁路业上的成就,很快他又把目光投向了钢铁业。为此,摩根创办了联邦钢铁公司,几经拼搏后,联邦钢铁在企业界有了一定的地位。这时,在美国钢铁企业的排行榜中,坐第一把交椅的仍是钢铁大王卡内基,摩根排在第二,第三是洛克菲勒。

摩根与卡内基两人一向交恶,当摩根急欲全面控制钢铁业时,更觉得横在路中的卡内基是个讨厌的庞然大物。但摩根知道此事不能性急,想要吃掉卡内基必须等待机会。1899年,机会来了,摩根得到了一条消息:出于种种考虑,卡内基决定放弃事业。卡内基似乎想把自己与钢铁及焦炭有关的全部制铁企业的股票卖给莫尔兄弟。

卡内基

但问题的关键是莫尔与卡内基的谈判没有结果,卡内基认为,莫尔根本没有足够的财力来接纳卡内基那庞大的钢铁帝国。

之后,摩根又得知卡内基想把股票卖给洛克菲勒。虽然摩根心里暗自着急:"为什么不卖给我呢?"但摩根知道,事情总会有水到渠成的时候,他坚信,只有自己有足够的能力、精力和财力来接管卡内基的事业。

果然,洛克菲勒此时正忙得团团转,他无暇顾及。首先他正忙于控制世界的石油生产与买卖,其次又刚刚有了一项投资俄亥俄新矿山的计划失败,最后还被骤然而起的反托拉斯的风潮首先选中,首当其冲地成了被责难的对象。此时的洛克菲勒可谓自顾不暇,没有多余的精力和金钱来买进卡内基的庞大"帝国"。

　　经过了几番周折之后，凭借自己的实力，摩根终于等来了机会。在经过了几次交谈后，卡内基决定把自己的股票以时价 1.5 倍的价格卖给摩根。1901 年 4 月 1 日，正好是愚人节那天，合并后的 U.S.钢铁正式宣告成立，举行了盛大的新闻发布会，宣布了新公司的资金是 8.5 亿美元。这是一个钢铁大联合，可以说是美利坚合众国历史上不多的盛事，而摩根就是这次盛事的领军人物。

　　摩根买下了卡内基的企业，成立了 U.S.钢铁，刚战胜"钢铁大王"，又不得不转身再战，对付"石油大王"洛克菲勒。因为洛克菲勒拥有的五大湖矿具有丰富的铁矿石——这足以应付原料不足的危机。

　　洛克菲勒拥有的铁矿山中数检瑟比矿山最吸引人，它是全美最大的铁矿山，储藏量 5000 万吨，矿石品质优良，居全美之冠，所以摩根一下就相中了这个矿山，决心要从洛克菲勒那里买过来。

　　这天早上，摩根来到西区 54 街拜访洛克菲勒。当他被请进客厅后，甚至没有寒暄一句话便开门见山地说道："我想购买检瑟比矿山和五大湖的矿石输送船。"

　　"哦，检瑟比矿山我已经交给我儿子管理了，一会儿我叫他去拜访您吧。"洛克菲勒说道。两大巨头的谈话到此为止，仅此而已。

　　小洛克菲勒按父亲指示来到摩根办公室后，从容地开出了 7500 万美元的高价，尽管摩根知道洛克菲勒当初只不过用了 50 万美元买下这座矿山。一阵思考后，摩根爽快地同意了这个出价。谁知小洛克菲勒末了又补上一句："价款必须用 U.S.钢铁股票支付。"

　　"就连洛克菲勒，也想要我摩根 U.S.钢铁公司的股票？"摩根暗想，看来洛克菲勒确实是非常看好自己的事业了。不过，7500 万美元的股票并不能对摩根造成什么威胁。"成交！"他伸出右手，坚定地握住了年轻的小洛克菲勒的手。

▲"石油大王"洛克菲勒

总统妥协

1901年9月，麦金莱总统遇刺身亡，42岁的副总统西奥多·罗斯福登上美国总统之位。

西奥多·罗斯福系后来二战中美国著名总统富兰克林·罗斯福的堂兄。西奥多·罗斯福是在美国跨进20世纪时出任总统的。此时，19世纪末迅速发展起来的托拉斯垄断组织引起人民普遍不满。罗斯福上台后，一方面向国会提出反托拉斯议案，努力革除托拉斯"弊端"，限制腐败力量；一方面则采取一系列保护劳工和维护公共利益的措施，宣扬以公正方式调解劳资纠纷，从而缓和了国内的阶级矛盾。罗斯福执政后，先后对40家垄断企业提出起诉。历史上称他为"托拉斯破坏者。"

🔹 美国第26任总统西奥多·罗斯福

一天，在摩根宅邸举行的一次宴会上，他突然接到一个电话。摩根接完电话回到餐桌时，气得手都有些微微发抖，他说："司法部长诺克斯在罗斯福授意下提出了控告，说北方证券公司违反了'反托拉斯法'，必须解散。"

自从摩根成功组织U.S.钢铁公司以来，他就开始一步步迈向彻底的垄断。虽然他估计从第一年度起就可获得10%以上的利润，但他并没有采取稍微降低钢铁价格的方式。至于北方证券公司，它控制着通往西海岸的6条铁路中的4条，是一个地地道道的企业合并大本营。不管摩根

如何谨慎，北方证券公司还是成为众矢之的。不过，在当时罗斯福的矛头并非针对摩根一人而发，而是针对整个美国的垄断企业。

华尔街股票开始暴跌，形式岌岌可危……假如法院判罗斯福胜诉的话，接着受到起诉的将不止北方证券公司一个，U.S.钢铁公司与标准石油以及其他的托拉斯都将难逃法网。此时的美国企业界，人人自危，一片混乱景象。

就在诺克斯提出控告后的第三天，摩根晋见了总统。一见总统，摩根就满嘴火药味："总统先生！您为什么径自提起诉讼，而不事先通知我？"

罗斯福总统并不惧怕财界，尤其是控诉提出后的当夜，雪片般飞来的表示支持的投诉信和电话更使他信心十足："为什么要事先与你打招呼？我行事作风就是如此，一经决定，立即执行！"罗斯福总统甚至没有通知包括国务卿与陆、海军部长在内的一切政府高官，只命令司法部长诺克斯立即提起诉讼。

"总统如果认为我们的企业违法，可以请司法部长同我们的律师互相协调。"摩根说。

"不可以！"罗斯福斩钉截铁地将摩根的抗议顶了回去："我们要禁止垄断，因为它妨碍了自由竞争，这是无法协调的决心。"

"走着瞧吧！"摩根也不退让，扬长而去。与白宫的会谈终于破裂了，但摩根敏锐地感到，问题没有想象的那么可怕，他相信自己掌握着真正的武器。

1904年3月14日，联邦最高法院最终宣告司法部长控告北方证券公司一案终结，以摩根败诉告终。此时正值美国总统大选年，罗斯福获得了210万美元的政治捐献金，这在当时是极为庞大的金额。而耐人寻味的是，摩根公司在这210万中有15万的贡献，标准石油公司也捐献了10万美元。罗斯福为什么要接受这些"罪恶"垄断企业的钱呢？真是发人深省。

摩根主持建立了垄断全美的钢铁公司，使其成为美国确立世界霸主的物质基础。

"我们不是要毁灭大企业。巨大的企业对于近代工业的发育成长，具有不可缺少的作用。我们不是要对大企业进行冲击，而是要去除随之而来的各种坏处。"在罗斯福总统后来发表国情咨文里，态度与先前的强硬有明显不同，很明显，总统妥协了！

讨伐垄断企业，这是老罗斯福被人们交口称赞的一手，被称为"公平的政治"。然而，最终还是摩根胜利了，面对摩根的政治捐献金，总统也不得不接受。

在美国资本主义从自由竞争进入垄断阶段中，摩根公司利用种种特权和手段，经过激烈的竞争，不断削弱和击败对手，逐步固定和发展了自己的地位，成了美国金融界最有势力的统治者，迅速扩大了摩根财团的势力范围。美国总统西奥多·罗斯福，不得不公开承认摩根在金融界的"独霸局面"。和摩根竞争的洛克菲勒等人，也曾一度表示"听命"于摩根，华尔街的金融巨头把摩根公司当做"银行家的银行家"。

英雄暮年

自 1861 年创立摩根商行，经过近半个世纪的不懈努力，摩根创建了一个庞大的帝国。摩根家族包括银行家信托公司、保证信托公司、第一国家银行，总资产 34 亿美元。摩根同盟总资本约 48 亿美元，由国家城市银行、契约国家银行组成。

摩根同盟与摩根家族被总称为摩根联盟。摩根联盟中，以摩根公司为轴进行董事部连锁领导，与大金融资本以下、超过 20 万的主力金融机构互相联接，这样就构成了结构庞大、组织严密的"摩根体系"。这一金融集团占有全美金融资本的 33%，总值近 200 亿美元！另外还有 125 亿美元

📌约翰·皮尔庞特·摩根（中）和她的女儿路易莎（左）、儿子小约翰·皮尔庞特（右）

的保险资产，占全美保险业的 65%。生产事业方面，全美 35 家主力企业中有摩根公司的 47 名董事，包括 U.S. 钢铁、GM、肯尼格特制铜公司、德州海湾硫黄公司、大陆石油公司、GE 等。

此外，摩根公司在铁路业上的"统治"是尽人皆知的。同时，通讯业方向它还拥有国际电话电报公司、全美电缆、邮政电缆、美国电话电报公司等。摩根同盟的手下有 510 亿美元的总资产，属下有亚那科达铜山、西屋电气、联合金属碳化物等主要托拉斯企业。上述所有相加，合计所有总资产，扣掉了重复部分，摩根体系拥有 740 亿美元的总资本，相当于全美所有企业资本的四分之一——167 名董事，从摩根公司走出来，控制着整个摩根体系，贯彻着摩根从华尔街发出的指令。摩根已经是名副其实的华尔街的神经中枢。

然而，英雄末年令人扼腕叹息，进入 1913 年，摩根的身体渐渐不行了，他经常感到异常疲倦、毫无食欲。医生认为这是过度疲劳引起，建议他去度假，好好放松自己。

1913 年 1 月 7 日，摩根乘船前往开罗。出发前，他悄悄立下了遗嘱："把我埋在哈特福，葬礼在纽约的圣·乔治教堂举行。不要演说，也不要人给我吊丧，我只希望静静地听黑人歌手亨利·巴雷独唱。"

旅行途中，摩根体力迅速衰减。在从开罗回航途中，摩根处于病危状态。1913 年 3 月 31 日，"啊，我要爬山去了。"这是华尔街之子——摩根与世长辞时说的最后一句话。

摩根死后，他的独生子小摩根同 J·P·摩根公司的合伙人一起领导摩根财团。此后的摩根财团雄风未减，摩根霸业迎向了更加辉煌的显赫时期……如今，垄断时代终结，世界商业权力也已分散到不同机构，但"今后再也不会有哪家银行能像摩根财团那样强大，那样神秘和富裕"。

摩根的儿子小摩根

大事年表

1837 年	4 月 17 日,约翰·皮尔庞特·摩根出生在美国哈特福城的富有商人家庭。
1861 年	10 月 7 日,摩根同心仪的亚美莉小姐结为夫妇。摩根商行正式成立。
1863 年	26 岁的摩根操纵一次黄金风暴。此后,他解散了摩根商行,另组达布尼·摩根公司,从事政府债券业务。
1866 年	摩根重新结婚,他的妻子是法兰西斯·崔希。
1867 年	摩根的独生子出世,世称小摩根。
1871 年	摩根成功运用"联合募购"的方法承销 5000 万美元法国政府的国家公债。
1873—1877 年	经济危机过后,摩根成功承销美国政府债券。
1889 年	摩根采用"摩根化体制"对美国铁路改组整顿,控制了 70% 的铁路线。
1894 年	摩根主管德雷克塞尔—摩根公司,并把它改名为"J·P·摩根公司"。
1898 年	美西战争爆发后,摩根成功地承销墨西哥政府国债。
1899 年	第二次布尔战争爆发后,摩根成功认购英国政府公债。
1901 年	4 月 1 日,摩根买下卡内基的钢铁企业,合并后的 U.S.钢铁正式宣告成立。
1904 年	3 月 14 日,联邦最高法院宣告北方证券公司一案终结,以摩根败诉告终。
1913 年	3 月 31 日,摩根逝世,享年 76 岁。

洛克菲勒

　　人们一直对他那传奇的一生充满好奇和困惑：他并非多才多艺，但异常冷静、精明，富有远见，凭借自己独有的魄力和手段白手起家，一步一步地建立起他那庞大的石油帝国；在他漫长的一生中，人们对他毁誉参半，有人认为他只不过是唯利是图的企业家，也有人恭维他是个慷慨的慈善家……

　　约翰·戴维森·洛克菲勒——美孚石油公司的创立者，作为美国历史最悠久的富豪之一，洛克菲勒家族在美国的政治、经济中都有着举足轻重的作用。作为洛克菲勒财团的创始人，他完成了从一个小小的经纪人到全球石油业的霸主的飞跃。在这里，我们会看到一个越来越真实的洛克菲勒。

特殊的家教

1839 年 7 月 8 日，约翰·戴维森·洛克菲勒出生在纽约州哈得逊河畔的一个小镇上。他的祖上是法国南部人，为了逃脱政治的迫害，才来到新大陆创立自己的事业。然而到了洛克菲勒这一代，已经在这个小镇上呆了有几代人了。

洛克菲勒的父亲威廉·艾弗里·洛克菲勒长年在外以药贩身份流浪，同时也是个到处闯荡的木材商、马贩子、走江湖的巫医，兜售所谓"立见奇效，包治百病"的灵丹妙药。此外，他还出卖土地、买卖毛皮、贩盐、推销杂货……几乎是无事不干的百事通。人们把这个讲求实际、喜欢冒险、善于交际、任性而又以自我为中心的精明人称做"大个子比尔"。有了这样的父亲，小洛克菲勒的家教当然非同一般。"大个子比尔"从小就教育洛克菲勒，只有劳动，才能给予报酬；而家里的任何一项劳动，都制订了一套标准。

👆 洛克菲勒的父母

当小洛克菲勒还是个孩童时，他的父亲喜欢让他从高椅子上纵身跳入自己的怀抱中。有一次父亲没有用双臂接他，他就重重地摔在地上。当他父亲很严肃地告诉他："要记住，决不要完全信任任何人。哪怕是最亲密的人，也千万不要轻易相信！"这件事给洛克菲勒留下很深刻的印象，以至于在日后的生意场上，他能始终保持着冷静、警觉的头脑处理事情，从而避免了多次的失误。

👆 洛克菲勒的出生地

然而洛克菲勒的母亲却是个一言一行都皈依《圣经》的虔诚的基督教徒，他的母亲无论做什么事情都非常的勤快、节俭、朴实，家教也相当的严格。洛克菲勒作为家里的长子，只是从他父亲那里学会了讲求实际的经商之道，又从他母亲那里学到了精细、节俭、守信用、一丝不苟的长

处，这对洛克菲勒日后的成功产生了巨大的影响。

就这样，在很小的时候，洛克菲勒就表现出了自己的商业才能：他有个记账本，上面详细地记录着自己在田里干了什么活，以此来向父亲要求报酬。同时，他把积攒下来的这些钱，贷给当地的农民，制订一定的利息，从中赚取一部分费用。然而还有一次，他在树林中发现了火鸡的窝，就把小鸡捉到家里自己饲养，到了感恩节那天，再把鸡卖掉，这样就大赚一笔。洛克菲勒所做的这些事情都得到了父亲的赞扬，因为父亲认为："人生只有靠自己，要想做生意就早些下手，只有钱才是最牢靠的。""不要随便相信别人，只有钱才是最牢靠的……"这种教育方式也许有点偏激，但这一切对于年幼的洛克菲勒来说，却是影响他一生的话。

所幸的是，洛克菲勒对父亲血液里流淌的东西并没有完全接受，他完全没有父亲那种花花公子的秉性，而是继承了他母亲勤俭的美德。他把这种信念视为商业场上的训练，一生中恪守不俭则匮的准则。

🔼 年轻时期的洛克菲勒

世界大企业家成功故事

14岁那年，洛克菲勒在克利夫兰中心上中学。放学之后，他经常到码头上闲逛，看那些做买卖的商人们。有一天，他遇到了一个同学，两人边走边聊了起来。那个同学问："约翰，你长大后想做什么呢？"年轻的洛克菲勒立刻说道："我要成为一个有10万美元的人，我准会成功的。"有谁会想到，几十年之后，这个蜚声国内外的石油大王，其拥有的财富竟比他当时说的10万美元多得多，他的财产是他童年梦想时说出的无数倍！

少年商才

16 岁那年,洛克菲勒做出决定放弃升大学,到商界去谋生。

为了能够寻找到一份适合他自己的工作,他在克利夫兰的街上跑了好几个星期,最后才拿定主意要找一个前程远大的职业。1855 年 9 月 26 日,他在一家名为休威·泰德的公司当上了助理会计办事员。从此,这个日子就成了他个人日历当中最值得喜庆的纪念日,洛克菲勒就把它作为第二个生日来庆祝。他说道:"自从我当上会计办事员以后,我就开始了学做生意的生涯,每周工资是 4 美元。"

这个年轻的小伙子工作非常的刻苦认真,账簿做得十分的仔细清楚,一点差错都没有,这些顿时让老板休威对洛克菲勒刮目相看。在平时,除了公司的账簿,洛克菲勒还有自己的账簿。他在第一页支出栏记着:"手套 1 双 2.5元,教会奉献 0.1 元,救济贫困男子 0.25 元,救济贫困女子0.5 元。"每次水电工来结款,休威·泰德公司都会立即付款,但洛克菲勒却要求查清以后再付款。一次公司购进的大理石中有稍微的一点缺陷,别人都没有在意,洛克菲勒却跑到运输公司要求他们做出相应的赔偿……此事过后,老板休威立刻把洛克菲勒的月薪涨到了 25 美元。

后来,由于合伙人泰德退休了,休威就把全部工作交给了洛克菲勒。在来公司的第三年,洛克菲勒无意当中听到了英国在很短的时间内会发生饥荒的新闻,他便自作主张地收购了大量食品:小麦、玉米、盐、肉干和火腿等等。为此他的老板对他这样做感到十分的不满,"我们是一家中介和货运托办公司,根本不做这种生意!"休威向洛克菲勒大喊道。

"是这样的,英国马上就要发生饥荒了,现在把小麦和火腿

■洛克菲勒年轻时和兄弟姐妹合影

运到英国,肯定会赚大钱的。我又订购了80桶高级火腿!"洛克菲勒说道。

过了没多久,英国真的发生了饥荒,休威公司把囤积的货物向欧洲出口获得了巨额利润。很快,洛克菲勒就在当地成为了人们谈论的中心,一个年仅19岁的商业天才就这样诞生了!

1858年,不满足做个小助理的洛克菲勒辞掉了他当助理的这份工作,他决定自己创办公司。他向父亲借了1000美元,和一个比他大12岁、在克利夫兰的另一家代理商行当职员的英国人莫里斯·克拉克成立了"克拉克-洛克菲勒经纪公司",开展把美国西部的谷物肉类出售到欧洲的业务。

开业不久,公司便遇到了倒霉事。中西部的农业区遭了霜冻,农作物几乎没有收成,农民用来年的谷物作抵押要求他们付定金,克拉克一时手足无措,一些同业经纪商也纷纷倒闭。洛克菲勒沉住气,跑到一家银行贷款2000(美)元,向农民预付了定金。他们第一年的营业额为45万美元,获利4000美元。

"马上南北战争就要爆发了,我们还必须向银行贷更多的钱。"洛克菲勒对克拉克说。

"你疯了吗?战争爆发了还能做生意吗?银行的利息该怎么办呢?"克拉克问。

"我要囤积盐、火腿、谷类、种子、棉花、铁矿石、煤……放心吧,明年肯定会发大财的。"洛克菲勒劝克拉克说。

1861年,美国南北战争爆发,与愁眉苦脸的其他人相比,洛克菲勒就好像是上满了发条的钟表开始运作了。洛克菲勒根

南北战争的爆发给洛克菲勒带来了更好的机遇

据事先的消息，采购了大量的盐、高级火腿，还有西部的谷类、种子。当战争给千百万美国人带来空前灾难时，军用物资订货单却像雪片似的飞进"克拉克——洛克菲勒经纪公司"，物价正扶摇直上。这是发财的良机，但洛克菲勒却没有兴奋过度，他在这种时刻冷静得出奇。第二年他们的利润涨到了 17000 美元，洛克菲勒分得 6000 美元。

洛克菲勒就是这样，在做生意时总是信心十足、雄心勃勃，同时又言而有信，想方设法地促使自己取信于人。克拉克对洛克菲勒做事认真非常欣赏，他描述当年的情况说："他有条不紊到极点，留心细节，不差分毫。假如有一分钱该给我们，他就一分也不给别人。如果少给客户一分钱，他也会一定要客户拿走的。"

进军石油业

早在 1859 年，美国宾夕法尼亚州就已经发现了石油，成千上万的人潮水一样涌向采油区。一时间，宾夕法尼亚的土地上井架林立，原油产量飞速上升。

面对着这股石油狂热，敏感的洛克菲勒凭直觉意识到，石油这个新玩意儿将有不可估量的开发前途，他决意投入到这新兴的产业中去。但他并不盲目蛮干，几次去产油区实地勘察，密切注视着石油的涨落行情。最后，他认为现在为时过早，毫不控制的盲目开采造成了生产过剩——因为那里的油井已有 72 座，日产 1165 桶，而石油需求有限，油市的行情必定下跌。果然不出所料，由于疯狂地

美国宾夕法尼亚州发现石油后，大量的工人涌向油田。

开采石油,导致油价一跌再跌,每桶原油从当初的 20 美元暴跌到只有 10 美分,即使稍一回升也会再度下跌。

3 年后,原油一再暴跌之时,洛克菲勒认为投资石油的时机到了,这大大出乎一般人的意料。1863 年,他与克拉克共同投资 4000 美元,与一个在炼油厂工作的英国人安德鲁斯合伙开设了一家炼油厂。他们彼此之间有着严密而协调的分工:安德鲁斯是位石油专家,他负责炼油技术;公关能力很在行的克拉克负责原油交易,并负责组织运输;精明的洛克菲勒主管财务和经销业务。这个"安德鲁斯－克拉克公司"在有条不紊地运行着,他们把西部的石油运到纽约等东部地区。由于安德鲁斯采用一种新技术提炼煤油,油厂的发展很迅速。他们很快就扩充了炼油设备,日产油量达到 500 桶,年销售额也超出百万美元,洛克菲勒的公司成了克利夫兰最大的一家炼油公司。

尽管如此,当时的石油业秩序还是非常混乱,生产过剩,质量较差,价格混乱,激烈地角逐已现端倪。洛克菲勒的公司就像汪洋大海中的一叶小舟,随时都有沉没的危险。这时候洛克菲勒清醒地认识到,必须把自己的企业扩大,只有"船"大了,才可能抵御惊涛骇浪的冲击。他说服了自己的弟弟威廉参加进来,建立了第二家炼油公司,并派他去纽约经营石油进出口贸易,尽快打开欧洲市场。

▲ 洛克菲勒向石油业进军

在威廉临去纽约前,兄弟俩踌躇满志地立下了誓言:"我们要扩张,再扩张,资金越多,我们发展的本钱也越丰厚,我们要独霸世界。"

尽管当时洛克菲勒对于自己将要创造的"超级帝国",心中并没有什么明确的概念,但他对企业的未来及个人的前途信心百倍。他在克利夫兰市的总部坐镇指挥全局,应

付着一切挑战。

就在这一年，也就是 1864 年，在克里夫兰市经营石油生意的约翰·戴维森·洛克菲勒已到了成家之年。他选择了当地威士忌酒业官商哈克尼斯的女儿劳拉·塞丽斯蒂亚，这是一位受过良好教育的淑女，她信奉公理会教义，当过小学教师，思想激进，是林肯总统的忠实信徒，主张废除黑奴制度，积极参加解放黑奴的运动。

除投股 6 万美元外，劳拉的父亲还给女婿资助了 9 万美元的流动资金。洛克菲勒不愧为一位精明的会计师，他的求婚、订婚和结婚费用是极其节省的。每次用费他都记在自己的私人账簿上：第一次求婚用鲜花 0.6 美元，第二次是 0.5 美元，最多的一次也只有 1.5 美元；4 月 8 日，他购买了一只价值 118 美元的钻戒；9 月 8 日的婚礼用去 20 美元，领取结婚证书 1.1 美元；新婚去尼亚加拉瀑布旅游花费 0.75 美元；购新娘用垫子 1 个花费 0.75 美元，邮票 0.03 美元……这些真实的数字是有据可查的，它们载入了洛克菲勒的 1864 年第二册分类账簿上，这些账簿现存洛克菲勒中心档案馆。

婚后，精明的洛克菲勒甚至记下了付给妻子劳拉的每笔饭费：2 美元、0.25 美元、0.75 美元、0.35 美元……

▲洛克菲勒的一生中，人们对他毁誉参半。但他极为沉默寡言、神秘莫测，一生都在各种不同角色的掩饰下度过。

拍回自己的公司

渐渐地，安德鲁斯一克拉克公司面临着新的危机。洛克菲勒和克拉克开始不能协调，由于意见分歧和经营不善，产生了 10 万美元的巨额亏损。一贯沉默寡言、埋头做事的洛克菲勒发言了，他非常恼火：因为他的合伙人克拉克在扩大业务渠道方面太保守了，丧失了许多难逢的机遇。三个人协商后决定将公司拍卖给出价最高的人，出价最高的人将取得从事石油生意的业务，另一方只能保留代理商

行的业务,且以个人经营为主。

1865 年 2 月 2 日是洛克菲勒又一个难以忘却的日子,他说,这一天决定了他终生的大业。在这一天的拍卖会上,洛克菲勒和安德鲁斯为一方,克拉克为一方。第一个报价的是洛克菲勒:"我出价 500 美元!"

"1000 美元!"克拉克报价超出洛克菲勒 1 倍。

"4 万美元!"洛克菲洛的鼻子冒汗了。

"5 万美元!"克拉克当仁不让。

"6 万美元!"洛克菲勒喊出了他心底不愿喊出的高价,他的手心冰凉,头晕目眩。两个人的喊价一次比一次高,双方互不相让,你争我夺。最后洛克菲勒加到了 7 万美元。这时的洛克菲勒似乎从上帝那里借来了勇气和力量。

"7.1 万美元!"克拉克的声音有些嘶哑了。

"7.15 万美元!"洛克菲勒一鼓作气,喊出了比克拉克多 500 美元的价目。

最终,洛克菲勒把价格出到了 7.25 万美元,克拉克终于认输了,他摊开双手,无可奈何地说:"你能干,这笔买卖归你了……"

后来,洛克菲勒回忆整个拍卖过程时感慨万千地说:"我当时是镇定自若的,我抱着必胜的绝对信心,我估计了最后的结局,也预测到了未来的发展。"这时的洛克菲勒年方 26 岁,他把拍回的公司取名为"洛克菲勒-安德鲁斯公司"。

↑洛克菲勒开发的油井

为了改善公司地位,扩大规模,洛克菲勒借了很多钱。在 1865 年和 1866 年间,他在克利夫兰和匹兹堡分别买下了 50 个和 80 个炼油厂。洛克菲勒的各炼油厂是该行业中最现代化和最有效率的,这使他获得了成本上的重要优势。他的巨大产量使他与铁路方面保持了良好的关系,他实际上控制了克利夫兰终点站。他凭借这种强有力的地位,能够从当地银行借到资金,但他还是选择了证券交易所来控

制商行。为实现更大的经济实惠并因此而使自己的产品售价比他人的低，他采取了几个步骤以实现过程一体化的目标：他买下了林场、制桶、建仓库、掌握车队；另外，他改组了公司，于 1867 年与企业家亨利·弗拉格勒形成了伙伴关系。弗拉格勒的加盟，使洛克菲勒的实力大大增强。

石油工业成功的关键在于控制某个重要过程或服务项目。洛克菲勒使用大量资金以扩大炼油生产量，他把一切可以装运石油的油罐列车以及油桶等全都承包下来，以解决运输问题。

不久，那些想要运输石油的竞争对手们发现，他们所一向赖以运油的铁路上已经没有运油列车可供他们使用了，因为洛克菲勒公司已经把所有可以运油的列车全都租下来了。1867 年洛克菲勒与中央铁路签订秘密协议：从石油区装运原油到克利夫兰，每桶 35 美分；从克利夫兰装运精炼油到东部海滨，每桶 1.5 美元。

↑1867 年，洛克菲勒揽入亨利·弗拉格勒为另一合伙人。

洛克菲勒从中获取了巨大的利润，这是他幸运的转折点。低廉的运费带来的是售价的下降，也就意味着销路的迅速拓宽。

同时，高瞻远瞩的洛克菲勒从一开始就把目光转向国际市场。他在纽约开设的办事处专门向东海岸和国外出售公司产品。他尽可能削减各种成本，比如，他自制油桶，并买下一家化学公司，自制炼油用的硫酸。为了免付铁路运输费用，他还购买了油船和输油管。年轻时养成的节约习惯被洛克菲勒用到了生产中，发挥出巨大的效益。

终于，热衷于公司间联合的洛克菲勒于 1870 年 6 月联合了两位资金雄厚、信誉良好的投资合作者，共同创建了一家资本总额为 100 万美元的新公司——标准石油公司。身为公司创办人和总裁的洛克菲勒获得了公司四分之一强的股权，当时，他年仅 30 岁。

科学的管理、精细的经营和高质量的产品，为标准石油公司赢得了声誉，也具备了坚实的竞争能力。1865 年洛克菲勒初进石油业时，克利夫兰有 55 家炼油厂，到 1870 年

标准石油公司成立时只有 25 家生存下来。

商界竞争

1870 年,洛克菲勒成立标准石油公司不久,正赶上欧洲爆发了普法战争,海上的运输业瘫痪了,宾夕法尼亚州石油出口业也只好中断。原油价格下降,精炼石油业也受到很大影响,洛克菲勒面临着财务困境,在经济不景气的情况下,他临危不惧,气魄十足地抓住看似不利却有利于完成垄断的时机,把克利夫兰那些崩溃的石油产业弄到了手。

1870 年是个经济不景气的年头。铁路货车总的装运量在下降。那些强有力的却被不景气冲击的铁路老板们,为了解决他们的困难,着手寻求比自由市场所能提供的更为有利的解决办法。于是他们和最大的炼油商们合伙经营,在洛克菲勒的谋划下,成立了南方开发公司。

南方开发公司和铁路大联盟还签订了秘密协定,即美国工业史上十分残酷的"死亡协定",只要是该公司的运费便以每桶 24 美分的特惠价格支付,而非成员的运输则要提高价格——付出两倍的运费。各铁路公司还一定得把每天的运货清单递交给南方开发公司过目。那些拒绝参加这个"卡特尔"的油商们,将被逼得走投无路。

原来,洛克菲勒把这个方案视为一种手段,借以消灭标准石油公司在克利夫兰的碍手碍脚的竞争者。在这些竞争者面前只有两条道路:把自己的企业解散并入洛克菲勒的公司,而换回股票;或是继续单干下去,而最后在运费折扣制的压力下破产倒闭。洛克菲勒先从几个最强大的竞争者下手,然后依次对付其他较弱的对手。

1870 年洛克菲勒创立标准石油公司,在全盛期垄断了全美 90% 的石油市场,图为克利夫兰标准石油 1 号炼油厂。

不久，铁路大联盟与南方开发公司的秘密被揭穿了，一场中小企业争夺生存权的商业战开始了，一夜之间铁路的运费涨了一倍。产油区的人们都在谈论这件事，"炼油厂到底想做什么？这样干以后我们还有活路吗？"他们和许多中小炼油企业举行了声势浩大的游行示威。24 岁的原油厂老板亚吉波多提出了全国性的对南方开发公司的"大封锁"，把每桶原油的价格规定为 4 美元，宣称除非炼油业者停止与铁路的秘密协定行为，并承认 4 美元这个价钱，否则大封锁是不会解除的！

亚吉波多还拒绝了南方开发公司的收买，动员所有报纸制造舆论，揭露大联盟的主谋。一夜之间，洛克菲勒成了"臭名昭著"的同义词。如果没有了原油，南方开发公司和铁路大联盟将会面临倒闭。被洛克菲勒排除在外的那些公司，在纽约又成立了另外一个炼油企业联盟。在公众舆论和政府的压力下，铁路方面废除了与南方开发公司所签订的秘密条约，宣布对所有炼油企业收取平等的运费。那些石油商们还成立产油商保护协会，支持石油区的炼油商……似乎事情有着新的转机，但洛克菲勒不是一个简单的人，一个普通的人若是被舆论攻击得遍体鳞伤，势必深感受挫，并会崩溃瓦解，然而他好像没什么事一般，仍深深埋头于他的垄断梦想之中——在他心中没有任何东西能成为他达到目标的障碍。

洛克菲勒

就这样，正在人们高奏凯歌时，却惊奇地发现在三个月的石油大战中，洛克菲勒暗中吞并了克利夫兰市 25 家竞争企业中的 21 家炼油企业，只剩下 4 家小企业。

紧接着，石油原产地同盟的首领亚吉波多也被洛克菲勒收买，洛克菲勒控制了石油原产地泰塔斯维，很多商人有的上吊自尽、有的用手枪自杀……同时由于 40 天的封锁，炼油业者被断绝了原油供给，周转资金吃紧，只得向银行申请贷款；然而，银行早被洛克菲勒收买了，拒绝给炼油

业者贷款,吃了闭门羹的中小型炼油企业为了生存下去,只得投入洛克菲勒的怀抱,这反而加快了洛克菲勒的垄断。总之,无论情况发生什么变化,洛克菲勒都会化不利为有利,发展自己的垄断势力。

到 1877 年,标准石油公司已经扫平了石油区、费城和匹兹堡的所有竞争对手,只是在纽约,还有零零散散的几家独立经营的炼油商在负隅顽抗。洛克菲勒不想以他帝国的势力控制全部的石油市场,而让那些较小和效率较低的竞争者能够振作起来,在艰难的环境中生存下去,能够避免别人指责他进行垄断控制。

在商场较量中,洛克菲勒非常会笼络人心。在宿怨与利益之间,他更倾向于后者。最终,他收买了石油原产地同盟的首领亚吉波多,通过他进而控制同行业。亚吉波多不久被提升为标准石油公司副董事长,在洛克菲勒退休之后,便出任了第二任董事长。

不久,洛克菲勒还把费城、纽约及匹兹堡的主要石油大亨邀请到他在萨拉托加的别墅里,进行秘密商讨。在他的劝说下,主要的石油业都又加入了一度受挫的南方开发公司。此时的石油界已完全落入洛克菲勒手中。

🔶 标准石油卡

"托拉斯"时代

仅仅垄断克利夫兰是根本无法满足洛克菲勒的,他要的是对整个美国石油的控制,或者说是对整个世界的控制。

一次比较偶然的机会,洛克菲勒在一本公开发行的刊物上发现一篇文章,里面这样写道:"小商人时代已经结束了,将要来临的是大企业时代。"他感到这与自己的垄断思想不谋而合,他就对这篇文章给予高度的评价,并以高达 500 美元的月薪聘请了这篇文章的作者多德做自己的法律顾问。

多德是个年轻的律师,他上任以后,就千方百计地为洛克菲勒的公司寻找法律上的漏洞。一天,他在仔细阅读《英国法》中的信托制度时,突然间产生灵感,提出了"托拉斯"这个垄断组织的概念。

那么,什么是"托拉斯"呢?就是生产同类产品的多家企业不再各自为政,而是以高度联合的形式组成一个综合性企业集团。这种形式比起最初的"卡特尔",即那种各自独立的企业,为了掌握市场而在生产和销售方面结成联合战线的方式,垄断性要强得多。

1882年1月20日,洛克菲勒召开了"标准石油公司"的股东大会——这里面有9个人组成的"受托委员会"来掌管所有标准石油公司的股票和附属公司的股票。委员会的会长当然非洛克菲勒莫属;随后,受托委员会发行了70万张信托证书,仅洛克菲勒等4个人就已拥有46万多张,占总数的2/3。

就这样,洛克菲勒如愿以偿地创建了一个史无前例的联合事业——托拉斯。在这个托拉斯结构下,洛克菲勒合并了40多家厂商,还垄断了全国80%的炼油工业和90%的油管生意。托拉斯飞速地在全美各地、各行业当中蔓延开来,在较短的时间内,这种垄断组织形式就占据了美国经济的90%。十分显然,洛克菲勒成功地造就了美国历史上一个比较独特的时代,那就是"垄断时代"。

随着洛克菲勒"石油帝国"实力的快速增长,它的触角也已伸展到金融、公用事业和一些工业部门。洛克菲勒依靠庞大的石油帝国和巨大金融的实力做后盾,极大地加强了其在美国金融界的地位和影响。

⚓ 标准石油托拉斯信托

在海外,标准石油公司将更进一步地向西欧和中国扩大海外市场,由于先进的技术,标准公司赢得了欧洲大部分地区的煤油市场。在中国,标准公司为自己开创了一个全新的市场。它分别送掉了几百万盏廉价的油灯,使中国人购买和点燃标准公司的煤油,被人们称之为"点燃亚洲光明之灯"。就这样,标准公司一步一步地把石油市场从欧洲扩展到了亚洲,进而扩展到整个世界。

经营有术

平时,洛克菲勒不想在大庭广众之前亮相,也不羡慕政治和权力,他从不参加社会活动。政治、艺术、书籍、戏剧对他都没有特别的诱惑力。他没有游艇,没有豪华汽车,没有私人俱乐部。他的生活圈子相当公式化:在石油公司的办公室里干了一整天之后就回到家里,休息日上高尔夫球场,上教堂。就寝前他会把账簿翻出来,一遍又一遍地检查每项开支的正误。

他唯一的兴趣便是关心他的公司是否运转良好。他经常深入公司各部门和炼油厂明察暗访,出人意料地在寻找员工的点滴漏洞和毛病。有时他会突然出现在一群年轻的会计员、统计员面前,翻阅他们做好的分类账簿,熟练而迅速地找出差错和问题,弄得一些年轻人面红耳赤。有一次,他突然来到仓库,找到发放石油桶塞的记录并质问保管员:"你的三月份库存清单上写着还存10750只塞子,四月份买进2万只,领去2万4千只,库存只有6千只,那么,你这个仓库里750只桶塞飞到哪里去了?"

事无巨细,他认为只要能省下1厘钱的事也值得去干。有一次,他来到一家出口煤油的工厂,在封装车间他发现每封一个油罐需要点40滴电焊。他对工人说,能不能只点38滴电焊?工人试了一下,用38滴电焊点封的油罐有几只漏油,用39滴电焊点封的却没有一个油罐漏油。他当场命令工人,以后只能用39滴电焊料点封一个油罐,一滴也不能增加。以后,凡是洛克菲勒公司出厂的5加仑煤油罐都用39滴焊料,它成了公

洛克菲勒和他的儿子小约翰·洛克菲勒

司的一项明文规定。

在这件事上,他和蔼地告诉公司雇员:"攒取金钱好比用针挑土,我的钱就是这样一分一分挣来的,这就是诀窍。"

1886年,洛克菲勒在美国俄亥俄州的西北部和印第安纳州东部开发了一个含硫过高的油田。由于无法提炼,这种劣质油是不可能进入市场的。许多专家都主张舍弃这种每桶价格仅0.15美元的"酸油"。洛克菲勒力排众议,主张大量收购这种价低质劣的原油。执行委员会的所有委员都在咒骂他,他们说:"如果按洛克菲勒的意见办,我们的财产和妻子都要赔进去!偿还不了银行的贷款,人家会把我们送上法庭,我们会死在监狱里!"

然而,洛克菲勒要干的事是无人能阻止的。他自己筹足了300万美元,购进了一大批"酸油"。他还不惜重金聘请了一名化学家——德国移民霍尔曼·弗拉希先生。这位炼油专家来到利马油田一干就是两年。他经过一百多次的反复试验,终于找到了脱硫的成功办法。当化验报告送到洛克菲勒手中时,委员会全体成员每人手执一瓶香槟酒高高举过头顶,香槟的泡沫顿时把洛克菲勒全身都浇湿了。洛克菲勒说:"朋友们,我们的运气来了,上帝怜惜我们花去的300万美元试验费,我们要向上帝谢恩……"

1888年,经过脱硫的石油每桶从0.15美元涨至1美元,几乎翻了7倍。洛克菲勒马上建议在利马开办全美国和全世界最大的炼油厂——利马炼油厂,对这座储藏量最大的油田开采出来的石油进行高技术脱硫处理。近3亿美元的利润流进了洛克菲勒的金库里。人们说,洛克菲勒富有远见,他的手里拿着一架穿山望远镜。

洛克菲勒在占领市场的同时,还利用国外廉价的劳动力,"掠夺"国外比较丰富的石油资源,取得高额的垄断利润。在亚非拉地区的石油开采成为他财富的主要来源地。1935年,洛克菲勒控制了全世界大约200多家公司,资产总额达到66亿美元,他的私人财产也已经超过了15亿美元,成了名噪世界的"石油大王"。标准石油公司几经更名,最后命名为"美孚石油公司"。

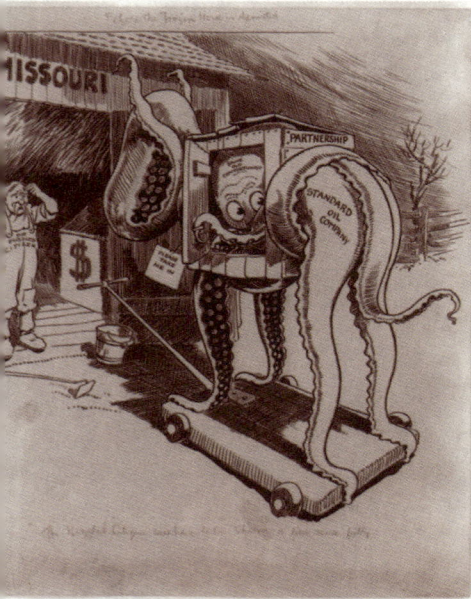

章鱼的标志象征着标准石油公司和其子公司

隐退之路

早在 1889 年冬,洛克菲勒便把自己想隐退的事单独告诉了他的少数几个助手。他在为金钱、财富拼死拼活的鏖战中疲惫了,像一架正常运行了 40 年的钟表,许多零件急需修理、更换。他经常在夜里失眠要起来散步,魔鬼似乎把他盯上了,他还患有头痛、胃痛、胸闷等多种综合症,总之,他积劳成疾,整个神经紊乱了。他经常对着镜子照一照自己的容貌,他的确消瘦,头发脱落得几乎完全秃顶了,外出时,总要把那顶又厚又大的礼帽扣在自己的头上。显然,他是不甘心离开这个曾日夜奋战的商场的。

1896 年,洛克菲勒离开了标准石油公司总部——纽约百老汇路 26 号,搬到了自己的庄园,他退休了!这一年他才 57 岁,正值壮年。

隐退的洛克菲勒仍然是美孚石油公司的主心骨,公司一切关键性的决策都是通过洛克菲勒批准的;各委员会的人事调动,都要这位"尊贵的国王"下旨或点头。美孚石油公司仍然在洛克菲勒的羽翼下成长、发展并一天天壮大。美国经济称霸全球的时间表几乎和美孚石油公司的繁荣时间表相同。

在世界落后的国家里,在最黑暗的穷乡僻壤,美孚石油公司的产品还通过肩挑人扛、牛车、马车、骆驼运往千家万户……而此时,新闻媒体和出版界攻击约翰·戴维森·洛克菲勒和美孚石油公司的文章和出版物在洛克菲勒退休

🔷 标准石油公司总部

前后在美国社会广泛扩散着。他的吞并、垄断,导致许多小业主家破人亡;在宾夕法尼亚州油田地带的居民身受其害,对他恨之入骨,有的居民做成他的木偶像,然后将那木偶像模拟处以绞刑,以解心头之恨。无数充满憎恨和诅咒的威胁信件被送进他的办公室,连他的兄弟也不齿他的行

径，而将儿子的坟墓从洛克菲勒家族的墓园中迁出，说在洛克菲勒支配的土地上，儿子无法安眠！

"刽子手""恶狼""蛇蝎""骗子""强盗""掠夺寡妇和穷人财产的抢劫犯和流氓""不顾穷人死活的吸血鬼"……一切可以从辞典里找到的攻击和谩骂词语都被人们用上了，犹如一发发射向美孚石油公司和洛克菲勒头上的炮弹。美国总统和国会也开始关注新闻媒体对洛克菲勒和他的公司的抨击了。美国国务院多次下令调查美孚石油公司和洛克菲勒本人的所作所为。这一切，大有"山雨欲来风满楼"之势，似乎要把洛克菲勒的所作所为全部暴露在光天化日之下。

1911 年 5 月 15 日，美国最高法院判决，依据 1890 年的《谢尔曼反托拉斯法》宣布，美孚石油公司是一个垄断机构，应予拆散。根据这一判决，美孚石油帝国被拆分为约 37 家地区性石油公司。然而，尽管有最高法院的判决、尽管媒体此前早已将洛克菲勒定性为"邪恶的"、为达目的不择手段的垄断资本家，投资者依然热衷地追捧这些"婴儿美孚"的股票，使得拆分后的众多公司的股票市值合起来远远超过原来美孚公司的市值，洛克菲勒家族的财产非但没有减少，反而比从前更多了。

置之不理，这是洛克菲勒对待新闻媒体和各种谴责、攻击他的出版物的态度。他每天悠然自得地生活在自己心爱的庄园里，植树种花，打打高尔夫球，去剧院看喜剧，有时候也和仆人聊一会儿天，和身边的波斯猫逗耍，他乐在其中……他正在学习过一种与世无争的平淡生活，对于任何人的攻击一律不予答复。

或许，就是在此刻，洛克菲勒才领悟到，金钱并不能代表一切！在 41 年的退休生涯里，他把主要精力放在慈善事业上。当洛克菲勒开始考虑如何把巨额财产捐给别人，几乎没有人接受，说那是肮脏的钱。可是通过他的努力，人们慢慢地相信了他的诚意。密歇根湖畔一家学校因资不抵债行将倒闭，他

晚年的洛克菲勒

马上捐出数百万美元，从而促成了如今的芝加哥大学的诞生；当时的美国没有医疗研究中心，他捐资 20 万成立了洛克菲勒医学研究所。后来这个研究所因为卓越成就而获得了 12 项诺贝尔奖金，比任何同类研究所所获奖项都多；此外，洛克菲勒还创办了不少福利事业，帮助黑人。从这以后，人们开始以另一种眼光来看他。

从 19 世纪 90 年代开始，他每年的捐献都超过 100 万美元。1913 年，他设立了"洛克菲勒基金会"，专门负责捐款工作。他捐款总额达 5 亿美元之多！

但对自己和家人，洛克菲勒却是节俭无比。他视浪费为罪恶，他的饮食单调简单，有了亿万家财之后，每天中午只用一份罗宋汤，三块面包，一小块黄油，高兴的时候还在面包上加抹一点俄国红鱼子酱。一生中，他不曾为客人们大摆过筵席或举行过盛大舞会。家人的生日也从来不摆阔气。他记住妻子和两双儿女的生日，妻子、女儿和儿子的生日那天，他们会收到洛克菲勒的一份礼物——妻子会得到一束鲜艳的玫瑰，女儿会得到除鲜花以外的一个小型胡桃肉蛋糕，儿子会得到一条 15 美元的领带。而他自己的生日呢，大部分是在高尔夫球场度过的。他忠于结发 50 多年的妻子，疼爱自己的孩子，但不会溺爱他们。他恪尽做丈夫和父亲的职责：不厌其烦地教育孩子们勤俭节约，每当家里收到包裹，他总是把包裹纸和绳子保存起来。为了让孩子们学会相互谦让，只买一辆自行车给 4 个孩子。小约翰长大后不好意思地承认说，自己在 8 岁以前穿的全是裙子，因为他在家里最小，前面 3 个都是女孩。

⬆ 洛克菲勒的孙子纳尔逊·洛克菲勒

1937 年 5 月 23 日，98 岁的洛克菲勒在他位于奥尔蒙德海滩别墅里去世了，他的子孙继承了他的事业。洛克菲勒家族成了美国十大超级富豪之一，也是当今美国知名度最高的家族之一。他的孙子纳尔逊·洛克菲勒曾当上了美国副总统，而他的另一个孙子大卫·洛克菲勒则是赫赫有名的大银行家。洛克菲勒家族如今的财富到底有多少，连他们自己也说不清。

大 事 年 表

1839 年　7 月 8 日,约翰·戴维森·洛克菲勒出生在纽约州哈得逊河畔。

1855 年　9 月 26 日,洛克菲勒在一家名为休威·泰德的公司当上了助理会计办事员。

1858 年　洛克菲勒与英国人莫里斯·克拉克成立"克拉克-洛克菲勒经纪公司"。

1863 年　洛克菲勒、克拉克与英国人安德鲁斯共同创办"安德鲁斯-克拉克公司"。

1864 年　洛克菲勒与劳拉·塞丽斯蒂亚结婚。

1865 年　2 月 2 日,洛克菲勒拍买回自己的公司并取名为"洛克菲勒-安德鲁斯公司"。

1867 年　洛克菲勒与企业家亨利·弗拉格勒形成了伙伴关系。

1870 年　1 月 10 日,洛克菲勒与投资合作者共同创建了标准石油公司。

1882 年　洛克菲勒创建了一个史无前例的联合事业——托拉斯。

1888 年　洛克菲勒生产出经过脱硫的石油,开办了全世界最大的炼油厂——利马炼油厂。

1896 年　洛克菲勒离开了标准石油公司,正式退休,年仅 57 岁。

1913 年　洛克菲勒设立了"洛克菲勒基金会",专门负责捐款工作。

1937 年　5 月 23 日,洛克菲勒在他位于奥尔蒙德海滩别墅里去世,享年 98 岁。

普利策

众所周知，美国最高的新闻奖是"普利策奖"，而该奖项的得名便源于那位针砭时弊的报业巨子——约瑟夫·普利策。

这位白手起家的年轻人凭借着自己的努力和辛苦打拼，陆续购买了《西方邮报》《圣路易斯快邮报》和《纽约世界报》，并进行了一系列大刀阔斧的改革，使它们成为当时美国首屈一指的大报。在近半个世纪的新闻活动生涯中，普利策以探索的精神、变革的勇气和杰出的才能，建立起新的现代报业形象。他的一生标志着美国新闻学的创立和新闻事业的迅猛发展。如今，"普利策奖"已经成为美国当今文化界、新闻界最权威的大奖。

少年时代

坐落在匈牙利首都布达佩斯东南部的马科城是个繁荣兴旺、商贾云集的大都会。在这里的马扎尔犹太族是当地一个古老部落的分支，他们的祖辈粗放彪悍，后来，他们中的许多人都从事经商活动。菲利浦·普利策就是马扎尔犹太族中一个有教养的粮食商人。一次偶然的机会，菲利浦结识了奥地利姑娘路易斯·伯杰。路易斯出身于一个富有的家庭，她温柔善良，信奉天主教。路易斯后来与菲利浦·普利策结为夫妇，组成了一个美满的家庭。他们婚后生养了4个孩子：老大路易斯不幸夭折，老二约瑟夫、老三艾伯特、小女儿伊尔玛。

老二就是长大后被人熟知的"报业巨子"——约瑟夫·普利策。1847年4月10日，一个看似平凡的小生命就诞生在这个家庭里。从小，约瑟夫·普利策就表现得与众不同，他机智过人，记忆力超群。童年时代他在布达佩斯的贵族学校跟随私人教师学习德语和法语，并培养了

↑匈牙利首都布达佩斯，约瑟夫·普利策就出生在布达佩斯的一个小城。

对欧洲文学艺术和音乐的兴趣。当他长到十几岁时，已经能够流利地使用德语和法语与人交谈了。

然而不幸来临了，他的父亲菲利浦·普利策因心脏病突发去世，这一灾难给这个原本幸福的家庭蒙上了阴影。忧伤的母亲在万般无奈的情况下嫁给了商人马克斯·布劳，可继父暴躁的性格和普利策好勇爱斗的性格格格不入。

渐渐地，年轻气盛的普利策和继父愈来愈难以相处，他渴望独立的愿望越来越强烈，最后他决心告别家庭，独闯世界——这一年，他还不到17岁。这个桀骜不驯、身高

近两米的瘦高年轻人一开始就遭受一连串地打击：不管是他所报的奥地利军队，还是驻墨西哥的法国军队、驻印度的英国军队，都以他年龄幼小、双目近视和身体瘦弱为由不录取他。

1861年在美国爆发的长达4年的南北战争却给普利策的命运带来了转机。连年的战争造成美国国内兵源匮乏。联邦政府不得不到欧洲去招兵买马。一些为美国联邦军征募新兵的代理人，为了能得到联邦政府的补助金，甚至招收任何能走路的人。在汉堡，普利策居然也被招募入伍。1864年8月，普利策与一群老弱病残的"战士"被塞进一条破旧不堪的轮船，经过了大西洋上无数个日日夜夜的漂泊，终于到达了美国。在波士顿港口，为了不让征兵代理人从中渔利，普利策竟趁月黑风高之际，跳进了大海，游到岸边，扒上了去纽约的火车。9月30日，他终于成为纽约"林肯第一骑兵团"的一名战士。

↑普利策

当意气风发的普利策穿上联邦军队的制服，准备实现他儿时将军梦想时，美国的南北战争已接近尾声。而在这场战争里，普利策不但没有实现将军之梦，反倒饱尝了"出气筒""替罪羊"的滋味。因为他所在军队的纪律非常严格，这对于没有受过正规训练的普利策不啻为一种折磨，有一次他忍无可忍顶撞了上司，差点为此送了命。这段经历，在他的生命中留下了一道永不磨灭的创伤，造成他今后不愿意在任何人身上寻找友谊的性格。1865年5月23日，林肯总统宣布美国南北战争结束，普利策的军旅生涯也结束了。

↓南北战争当中，由于长时间的战争美国国内兵匮乏，因此为普利策的命运带来了变化。

辗转漂泊

战后的纽约到处都充斥着成千上万找不到工作的退伍士兵。约瑟夫·普利策虽然会讲匈牙利语、德语和法语，可他的英语却不怎么好，一时间他难以找到合适的工作，而且他的津贴也要花完了。面对越来越困难的生活，无事可干的普利策只能在街头闲逛，想着自己今后的生活出路。可是纽约的竞争太激烈了，最后他决定到德国人聚集的城市圣路易斯去，在那里也许能找到工作。

普利策来到了圣路易斯城时，囊中已空无一物。圣路易斯并非他想象中的那么美好，他还是经常失业。他先后当过车夫、船台的看守、舱面水手、饭店侍者、建筑工人、码头苦力……但他很难找到像样的工作，因为他骨瘦如柴，不宜干重体力活；此外他自尊心太强，感情易冲动而不能服从雇主生硬的命令。可是无论环境多么恶劣，生活对他多么不公，普利策却始终不放弃学习。在这段时间里，普利策把全部的业余时间都花在了位于第五大街和洋槐大街的商业图书馆里，他把那里当成他居所以外的家。他在那里学习英文，博览群书，如饥似渴地学习着一切知识。

有一次，普利策碰上一件倒霉事。他和另外几十个人交了 5 美元，跟着一个答应介绍他们到路易斯安那州甘蔗种植园工作的人乘上一艘小轮船。当小轮船把他们抛在离城 48 千米的地方调头离去时，他们才知道上当受骗了，不得不徒步回到圣路易斯。普利策一气之下愤然写了一篇揭穿这个骗局的文章，而《西方邮报》竟然发表了这篇文章。他十分高兴，因为这是他发表的第一篇新闻报道。在发表了他的第一篇文章后，普利策开始经常

普利策南北战争结束后退役，为了找工作在美四处流浪。

性地写一些短文章，不过正是这个时候，普利策结识了约翰逊·帕特里克律师和麦克道尔医生。

后来，约翰逊·帕特里克又帮助他找到了一份负责铁路铺设权的备案工作。在这项工作中，最令普利策的朋友惊讶的是普利策那惊人的记忆力。他能将那些枯燥的数字和复杂的条文记得滚瓜烂熟，并能凭记忆把它们写进档案里。这一点无疑是一名优秀的律师所应具备的素质。由于普利策出色地完成了这项任务，于是约翰逊·帕特里克帮助他攻读法律，让他无偿使用他们的图书馆。于是普利策抓紧每一分每一秒如饥似渴地读书，成为商业图书馆的固定读者，并与图书管理员尤多·布雷奇沃格尔建立了永恒的友谊。此外，普利策还经常给一家德文报刊写稿，并逐渐引起报社中编辑们的注意。

1868年成为普利策命运发生转折的一年。饱经人世沧桑的普利策逐渐悟出了一个真理：要成就一番事业不仅要靠勇气，更重要的是靠知识和能力，靠个人素质的提高。他依靠着自身的努力和勤奋，终于在这一年取得了律师资格，随后他放弃了奥地利国籍，加入了美国国籍；然而，因为没钱设立律师事务所，加上年纪轻、没名气，找他帮助打官司的人寥寥无几，业务始终不见起色。

一次偶然的机会，普利策凭借高超的棋艺结识了当地的两位名人——艾米尔和苏兹。苏兹原籍德国，是共和党创始人之一，担任过美国驻西班牙公使，南北战争时曾是少将，当时是密西西比州的参议员。而这两个人共同拥有一家圣路易斯《西方邮报》，刚好有个记者的空缺。当普利策无意中提起自己的种种经历，苏兹意识到，他就是他们想要的那种记者：阅历丰富、见多识广、聪明能干。于是他俩向普利策发出了邀请。1868年底，普利策顺利被《西方邮报》录用了。他简直欣喜若狂，他这样描绘自己当时的心情："我，无名小卒，不走运的人，几乎是流浪汉，被选中担任这项工作——这一切都像做梦一般。"就这样，普利策开始了自己的记者之路。

⬆普利策为新闻事业留下许多遗产

记者生涯

普利策上班的第一天,总编辑就派他去采访一桩盗窃案。当他赶到失窃地点时,已经有许多别的报社同行闻风赶到了。普利策不仅详细地进行了采访,还帮助办案人员分析案情。结果案子很快就侦破了,而普利策也写了一篇精彩的报道。

也就是从他做记者的那一天起,他就把矛头对准了社会的上层。他提倡社会改革,强烈反对贪官污吏。他说:"如果一个人害怕树敌,他就不会成为一名出色的记者。"初入报界的普利策仿佛有用不完的精力,他全力以赴地投身到他所热爱的新闻工作中。他每天要工作 16 个小时:从当日上午 10 点至次日凌晨 2 点,而且仿佛还嫌这时间不够。圣路易斯市乃至整个密苏里州的每一个角落都留下了他的足迹。他从每天的上午 10 点开始工作,哪怕是一丁点儿重要的信息都不肯轻易放过——他既报道市政府面临的困境,也采写码头工人的打架斗殴,甚至别家报纸只字不提的芝麻小事也不放过。他认为报纸是给市民看的,就要报道市民身边的趣闻趣事。

超负荷的工作强度侵蚀了普利策原本就不健康的身体。在衣冠楚楚的同事们的眼中,普利策是个头发杂乱、眼睛布满血丝、形销骨立的怪人。他那尖尖的鼻子,骨瘦如

普利策被称誉为"一个不知疲倦、有前途的记者"。

柴的身躯,结结巴巴的英语,破旧的衣裳和容易冲动的性格使他成为圣路易斯报界同行的嘲笑对象。

在苏兹的影响下,普利策成为一名共和党人。生长在欧洲独裁统治中的普利策对民主和自由有着强烈的渴望,他认为民主和自由是衡量人类文明和进步的标尺,因此他要为取得自由而奋斗终生。一次,圣路易斯的地方民主党召开秘密会议,共和党的记者是不能参与这种聚会的,可勇敢而又富有丰富采访经验的普利策得知这一消息后,马上意识到这是一个极好的机会,他迅速地赶到会议地点,机智地化装成民主党要员,镇定自若地闯进了会场。第二天,《西方邮报》在头版刊登了这次秘密会议的盛况,此举令民主党人尴尬不已。这次事件使普利策在同行中的地位迅速提高,人们对他的胆识与机智钦佩不已,同事们也开始对他另眼相看。

在报社老板苏兹的熏陶和鼓励下,普利策进入了一个崭新的世界。他不仅在新闻方面大放光彩,还开始向政界进军。苏兹把普利策调往密苏里州首府杰斐逊城,担任报社驻该城特派记者,专门采访州议会开会的消息。普利策到首府从事政治采访的第一个月中,就已闯入议会的政治核心。普利策的超人才华和政治胆识迅速显露出来。1869 年 12 月 14 日,普利策出席了在圣路易斯城举行的共和党会议,并被提名为议员候选人。就这样,普利策成为了州议会议员。一个初出茅庐的小记者居然成了州议会的大议员,普利策有生以来第一次感到无比光荣和自豪,此时,普利策年仅 22 岁。进了议会后,他敢仗义执言,尤其对贪官污吏更是大加挞伐,就像在报上发表抨击文章一样。普利策了解到圣路易斯市政当局所收的大笔税款不知去向,就提出立案追查。虽然受到了许多恐吓,但他不为所动,依旧写了一篇篇内幕报道登在了《西方邮报》上。由于社会舆论的压力,当局被迫进行了追查,并将贪污受贿的官员绳之以法。由于这件事,普利策被州长任命为圣路易斯市的三大警官之一,这一年他才 23 岁。

△ 这幅漫画寓意普利策一直在承受着高强度的工作。

《西方邮报》是共和党的报纸。1872 年,变幻莫测的政治风云使艾米尔和苏兹感到十分沮丧,他们认为他们的报

纸已失去了德国籍读者,于是把《西方邮报》最大的控制权卖给了普利策。普利策在这份不景气的报纸上小试牛刀,结果没过多久,《西方邮报》的发行量又上去了。也是在这一年,普利策从一个共和党成员转为民主党成员。

在普利策还是报社的一名普通记者时,他就是报社的支柱,每天为报社工作 16 个小时;现在,他成了该报的老板,当然更是倾心于一切与报社有关的事情。这时,还在报社中拥有一小部分股份的苏兹认识到这样下去,普利策不久就会控制报社的一切权力。所以,1872 年末,艾米尔和苏兹又花了 3 万美元买回了《西方邮报》的多数股份。

同时,普利策的精明也给他带来了生财之道。在这时,普利策敏感地看出《密苏里报》将要破产,就及时在拍卖会上买下它。接手后,他只办报一天,就把它的经销权卖给了《环球日报》,又把它的印刷设备卖给了几个正打算办报的德国人。这下,普利策又从中赚了一笔钱,他一下子变成了一个有钱的人。但普利策的奋斗目标并不是为了赚钱,而是拥有自己的报纸。

普利策热衷于政治,希望通过个人的奋斗取得成功;同时他又徘徊于政坛、新闻和法律之间。加上他性格上的弱点——脾气暴躁、优柔寡断和多疑,这使得他年近三十还处于迷茫彷徨之中。就在这时,他结识了一位十分漂亮,年仅 23 岁的姑娘凯特·戴维斯。凯特出生于乔治城一个富裕家庭,她的父亲是一名法官,母亲凯瑟琳是名门之后。戴维斯小姐从小受到良好的教育,她天生丽质、聪慧、高尚。普利策一下子觉得他找到了他生命中的真爱,而戴维斯小姐也对这个上进的年轻人情有独钟,他们渐渐热恋起来。然而,戴维斯的父母却难以接受普利策,因为在那个年代,新闻记者不受重视,新闻工作是不值得干一辈子的。普利策下定决心,拼命地工作,希望能在新闻事业上干出点成绩来。

1878 年 6 月 19 日,普利策经过长期的耐心等待,终于和戴维斯在华盛顿圣公会教堂举行了隆重的婚礼。婚后,这对年轻夫妇就前往欧洲度蜜月,蜜月中的普利策没有完全沉迷于新婚的幸福之中,他利用假期研究了英国、法国和德国的历史,并为《太阳报》撰写了一系列稿件。

"煽情主义"

　　也许是婚姻给普利策带来了好运气,蜜月刚刚结束,普利策就得知了《圣路易斯快报》因连年亏本即将进行拍卖的消息。普利策立刻敏感地意识到机会又来了。他立刻想办法,找了一个中间人为他出面投标,最后,普利策仅以2500美元的低廉价格从拍卖场上买下了《圣路易斯快报》。此时,31岁的普利策终于拥有了自己的报纸,虽然当时这份报纸发行量不到2000份,但它却持有美联社的特许证。

　　圣路易斯当时的报业并不景气。普利策在进行了深入的调查研究之后发现,它的主要竞争对手是《邮报》和《明星报》,而《邮报》的发行人约翰·狄龙是一个大宗不动产的继承人,但因为他把报纸办得过于呆板,发行量也只有2000份左右。他主动找到普利策,提出在平等的基础上进行合作,而这也正是普利策所需要的。从此,两家报纸合并为《圣路易斯快邮报》,报社地址也迁移到破旧的《邮报》办公楼。

　　普利策接管报纸后,首先考虑的是扩大报纸发行量,而一家报纸要扩大发行量,首先必须具有独到之处。普利策宣布:"《圣路易斯快邮报》要为人民大众服务,而不为任何政党谋利,不论在任何地方、任何情况下,都要反对形形色色的弄虚作假。要坚持原则,拿出主意,唾弃世俗偏见和党派偏见。"新报社成立不久后,普利策就向密苏里的报界巨人——每天上午出版的《共和主义者报》提出了挑战。这份报纸得到了当时控制密苏里州的民主党保守集团的资助,并成为其喉舌,当时发行量近2万份,规模居全市各报之首。《共和主义者报》支持圣路易斯的保守分子塞缪尔·格洛弗出任国会参议员,《圣路易斯快邮报》则

▶ 普利策雕像

坚定地支持乔治·维斯特。普利策对《共和主义者报》进行猛烈的抨击。

不久，维斯特取得了竞选的胜利。普利策在与《共和主义者报》的第一个回合较量中取得了胜利。一个月以后，在有关本市煤气垄断权的论战中，《圣路易斯快邮报》又一次击败了《共和主义者报》。揭露社会弊病这一新闻手法是众所周知的，但谁也没有像普利策那样运用得如此坚定、巧妙和有效。

揭露社会弊病成了普利策毕生的办报宗旨，其目的是扩大发行量和推动改革。普利策在揭露社会弊病方面大有用武之地，他在这方面的知识和才能是其他编辑无法与之匹敌的。批评的眼光、永不满足的精神和追求美好的愿望是他的天性。普利策具有如此强烈的特点，以致他情不自禁地把它用于办报事业。普利策批评他接触过的一切事物，揭露社会弊病是他的个性，因此《圣路易斯快邮报》充分体现了普利策鲜明的个性色彩。

为了实现自己的目标，普利策每天工作十几个小时，努力使他的报纸变得有棱有角、不卑不亢、令人惊叹。他的报纸讽刺自满、抨击懒散；他的报纸充满了有趣的情节，迎合商人、工人和主妇们的口味；他的报纸洋溢着崭新的生命力。人们说，这种生命力就是普利策创立的"煽情主义"。这种"煽情主义"吸引了读者，同时也招致了一些报界同行的嫉恨。《环球民主报》带头攻击《圣路易斯快邮报》，说它是"虚假地编造，卑劣的煽情主义"，其他一些报纸也纷纷追随。普利策没有被它们的声势吓倒，他在一封答复信中明确地表达了自己的态度："我们的报纸的确不拘一格，但它是当今世界上旗帜最鲜明的道德代言人。罪恶、卑鄙和腐败最害怕的就是报纸，因而任何法律、伦理和规章制度都无法与报纸相比。"

在普利策眼中，世界是一个耸人听闻的空间，他认为："既然神圣的上帝允许那些事情发生，我还有什么不好意思加以报道的呢？"他深信罪恶在于掩盖事实真相。他清楚地意识到，一家报纸一旦失去真实性，就会名誉扫地，失去读者。在报纸上毫不留情地揭露社会弊病，使普利策树敌不少，也使他赢得了大量的读者。《圣路易斯快邮报》曾

经有一名记者根据一份关于娼妓活动的年度报告写了一则特大新闻,在报纸上公布了一批妓院房主的姓名和地址,这激怒了这批在地方上小有势力的人,他们纷纷恶毒攻击新闻界。还有一次,普利策在报上开展了三个星期的反偷税漏税运动,结果得罪了商业界的一些人。这些人纷纷从《圣路易斯快邮报》撤回了广告。这是一个暂时的损失,该报并没有停止揭露社会弊病。

正是由于普利策勇于揭露社会弊病的办报方针以及他一丝不苟、兢兢业业的工作作风,使得在《圣路易斯快邮报》上刊登出的文章成了人们日常生活中经常议论的话题,报纸的发行量也因此急剧上升。普利策作为发行人兼主编,事务相当繁忙。事业一天天扩大,急需一个能干的得

1878 年,31 岁的普利策创办自己的第一份报纸——《圣路易快邮报》,从而开始了他的办报生涯。在此期间,普利策一方面抨击丑恶现象,一方面倡导社会改革。靠着煽情和对一系列社会问题的针砭时弊,三年后,成为当地发行量最大的报纸。

力助手。这时他遇到了一个名叫柯克里的人，这个人性格同他相近，很有魄力。普利策于是任命他为主编。这样，普利策可以集中精力当报社的老板。1881 年，《圣路易斯快邮报》销路大增，普利策赚了一大笔钱，但他把尽可能多的利润分给手下的雇员。在《圣路易斯快邮报》工作的职员可以得到全圣路易斯报业中最高的工资，但他们要付出的是必须把报社当做自己的家来看待，甚至要视为是自己的生命。普利策的一贯作风——"思考，思考，再思考；精确，精确，再精确"已成为全体职员工作的信条。

1882 年秋天，普利策正和家人准备去加利福尼亚度假的时候，报社出了一桩轰动全市的大事：一个名叫史列贝克的律师被登在报上的一篇对他不利的文章所激怒，带着枪到报社来滋事，总编辑柯克里为了自卫，开枪将他击毙了。这件案子几乎毁掉了普利策和他的报纸，他们在一夜之间失去了许多读者和客户。来自四面八方的敌人聚集在报社大门前，提出威胁要将普利策处以极刑，疯狂的人群甚至把点燃的火把扔进窗内……

普利策被这件事弄得焦头烂额，他忍痛辞退了柯克里，让他在狱外取保候审。陷在烦恼之中的普利策心事重重，正在这个时候，普利策远在纽约的弟弟艾伯特向普利策全家发出热情的邀请。普利策便离开了圣路易斯，准备来到纽约这个大都市，重新开辟一片新天地。

购买《纽约世界报》

重回故地，这时的纽约已和他刚从骑兵退伍时大不一样了，已成了一个相当繁华的大都会。为了能在纽约立足，普利策认为还是办报好，于是便留意着各种机会。

一天早上，普利策突然扔下正在翻阅的报纸，欣喜若狂地从椅子上跳了起来，他一把抱住妻子，大声喊道："太好了！《纽约世界报》要卖了！亲爱的，《纽约世界报》要卖了！"

普利策所说的《纽约世界报》创办于 1870 年，这份报纸开始时是一份宗教日报，可不久就陷入了受人代管的状态。

后来精明能干的曼顿·马布尔接管了《纽约世界报》，并使它复活起来，成为一家民主党的报纸。1876年蒂尔竞选惨败后，马布尔心灰意冷，把报纸卖给了宾夕法尼亚铁路主席托马斯·斯科特等人。从此以后，《纽约世界报》名义上是民主党的报纸，但实际上已成为为资本家宣传的工具。可后来这份报纸办得毫无特色，报纸连年亏损，斯科特也因此失去信心，所以他在1879年将报纸交易给古尔德。而古尔德在办报初期，除在该报上发表了一些激动人心的社论和新闻报道外，并没有采取有效的变革措施，结果报纸的销量便一路下降，每年亏损4万美元，发行量只有1.5万份。

自从普利策得知《纽约世界报》要卖的消息后，他就立刻行动起来，为之做着一切准备。狡诈的古尔德知道普利策的意图后，便把《纽约世界报》的卖价提高到50万美元以上。把一份濒临倒闭的报纸抬到如此高的身价，在当时报纸竞争异常激烈的纽约，是令人难以理解和接受的。不过出乎大家意料的是，具有丰富办报经验的普利策却一口答应下了这个价钱，双方初步决定以50万美元成交。这一消息在报界引起了不小震动，许多知情人都在议论着普利策，有的人甚至嘲笑他，说受过刺激的普利策是精神失常了。其实普利策的决定是有根据的，他事先已了解到在纽约的几家大报中，只有《纽约世界报》是属于民主党的报纸，而且《纽约世界报》拥有美联社的特许证。普利策还了解到，尽管当时的几家大报的发行量都比较可观，但是他们却都对读者不够重视，这些报纸都是为上层社会服务的，而并没有走进广大工人的家庭。考虑到这些有利条件，再加上自己丰富的办报经验，普利策认为《纽约世界报》是有前途的。

然而反复无常的古尔德却反复更改条件，设置障碍，在经历一系列波折和反复谈判后，古尔德最后终于做出了让步。1883年4月28日，普利策最终以34.6万美元的价钱买下了《纽约世界报》。

自普利策接管了《纽约世界报》后，该报发

1882年普利策购买了《纽约世界报》

世界大企业家成功故事

图内莉·布莱,1882年受聘于《纽约世界报》,让报业销售情况改观,销数达 10 万份。

生了巨大的变化。原先在这里工作了多年的编辑们终于走出了报社大楼,深入到社会的各个角落,尤其是下层社会中。1883 年 5 月 11 日,第一张新《纽约世界报》印出来了,立刻引起了一阵骚动,许多报社的编辑看了都大摇其头,认为这种报纸在纽约是行不通的。但是它每星期都发表由普利策亲手写的社论。社论说出了劳动者的心声,对纽约的富人发出猛烈的抨击。

随后,勇敢的柯克里也在普利策的邀请下来到了纽约,他又坐在了《纽约世界报》副主编的位置上。普利策与柯克里这对最佳搭档再次显示了他们在报纸经营业上的过人之处。他们在继续运用"煽情主义"制造一些刺激性新闻的同时,又注重了新闻的趣味性和教育性。普利策的《纽约世界报》内容丰富,选材与纽约其他报纸不同,有的选材甚至是其他报纸闻所未闻的,这是因为《纽约世界报》的记者们常常深入到纽约各个角落去取材。而且,普利策报纸上发表的文章还常常把银行家、暴发户、股票经纪人作为猛烈抨击的对象,他们连政府要员也不放过,常把他们的腐败堕落行为揭发出来,并进行严厉的批判。同时,《纽约世界报》还继承了《圣路易斯快邮报》的改革精神,具体提出了为国家解决社会公正所应该采取的措施,这些措施包括对奢侈品征税、对遗产征收继承税、对高收入征收所得税、对垄断公司征税等提案。

如此一来,报纸发行量剧增。普利策接手 3 个月后,该报发行量就由原来的 1.5 万份上升为 3.9 万份。普利策的突然闯入,打破了纽约报界维持多年的平衡。《纽约时报》《先驱报》《论坛报》等纷纷降价销售,企图挤垮《纽约世界报》。但这丝毫无损于《纽约世界报》,因为该报并不在读者群上与它们竞争,它吸引的是另一个阶层的读者。《纽约世界报》用最浅显易懂的语言,说出了深刻的道理,这是它吸引读者的法宝。

此外,普利策还利用报纸这个阵地,支持克利夫兰参加总统竞选。《纽约世界报》列出支持他的理由:(一)他是个老实人;(二)他是个老实人;(三)他是个老实人;(四)他是个老实人。后来短短几年内,《纽约世界报》成了全美国新闻界的泰斗,它所带来的震撼,使人不得不对它另眼相看。1885年,普利策在国会代表选举中,以高票当选为纽约市的众议员。

挽救自由女神像

选举的成功大大提高了《纽约世界报》的声誉,报纸的发行量也大大增加了。

1876年7月4日是美国独立100周年纪念日,法国艺术家奥古斯特·巴托尔迪为了表达法国人民对美国人民的祝贺,塑造了一座高达150英尺的手举火炬、目光柔和的自由女神像。她不但是一件艺术的珍品,更表现了全世界人民对自由的向往与赞美。整个工程投资浩大,而且所花费的25万美元全部是由法国普通公民捐资筹集的。法国政府已于1884年7月4日将组成这个塑像的每块铜部件正式移交给美国。可令美国民众难堪的是,自由女神像在美国居然找不到安身之处。

有关人士建议将她安置在地势较高的地方,以便让每一个进入纽约港口的人都能看得到,可是国会却迟迟不通过拨款预算。当时纽约任何一家报纸,只要稍有为公众事业服务的想法,就应该站出来为安置自由女神像的项目疾呼,而这时第一个站出来为女神像呼吁的正是约瑟夫·普利策。普利策首先在《纽约世界报》的头版发出了鼓舞人心的宣传,号召全国人民一起行动起来。普利策还专门召集人成立了筹款委员会,他

1885年《纽约世界报》关于自由女神像的报道

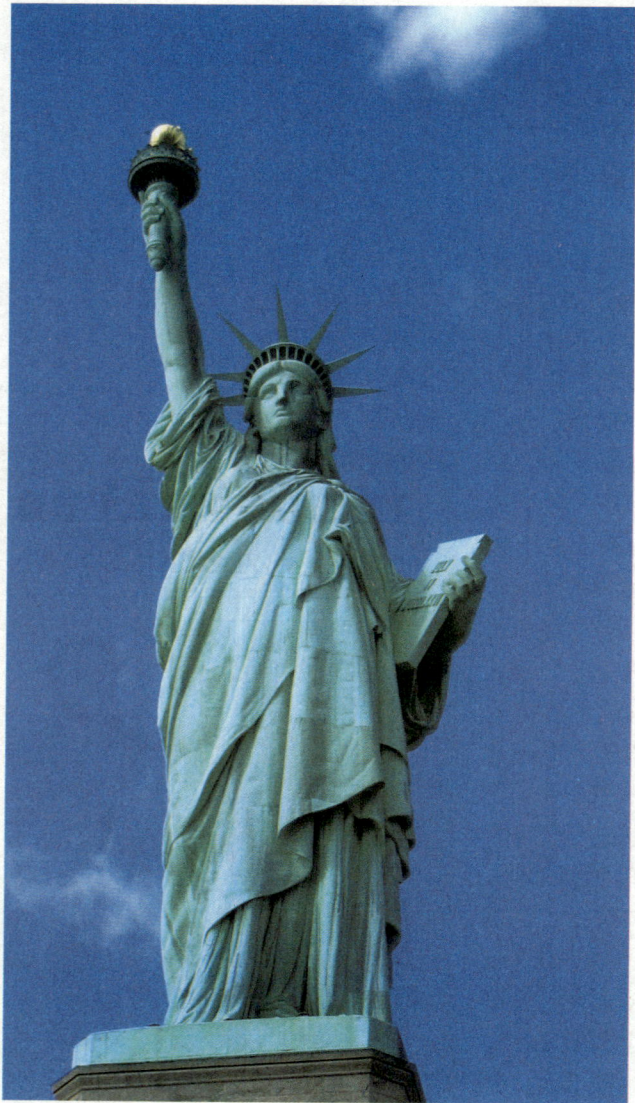

身体力行，率先捐款 250 美元。这一运动立即在全国范围内掀起一股捐款热潮，在短短的 4 个月内，筹款委员会就收到捐款达 7.5 万美元，而这些源源不断的资金保证了自由女神塑像基座工程的顺利进行。

1886 年 10 月，自由女神像基座彻底完成了，这座闻名世界自由与和平象征的塑像终于屹立在美国纽约州纽约市附近的自由岛上。在这次为自由女神像募捐的活动中，《纽约世界报》得到了难以估量的社会效益和经济效益，他们的所作所为越来越深得人心。各个党派的人士都向他们伸出热情友好的双手，普利策也终于步入了美国的社交界。

1890 年 12 月 10 日，纽约最高的一座大楼——新普利策大厦完工了。这是座 20 层楼的建筑物，地下室用来做印刷厂，一楼为营业部，二楼至十楼为出租的高档写字楼，十楼以上为《纽约世界报》枢纽中心。镀金的圆形顶楼是普利策的办公室。第十一楼是漂亮的卧室套房，专供加班不能回家的编辑使用。这座价值 200 万美元的大厦完全属于他个人所有。它俯视着低矮的《太阳报》大楼、《纽约时报》大楼和《先驱报》大楼，成了普利策战胜对手的象征，也是《纽约世界报》永久的自我宣传广告。

当人们还沉浸在《纽

自由女神像

约世界报》大楼竣工的庆典声中时，普利策和妻子、助手们却早已踏上开往异地的客轮。他们是在庆典的前一天出发的，普利策那脆弱的神经已经无法接受这一次又一次激动人心的场面，他更不愿意让世人知道自己眼睛的缺陷。原来，《纽约世界报》耗尽了普利策的心血。由于过度投入工作，也由于他易怒的个性，他的身体和神经遭到了极大损害，同时患有气喘、肺病、胃病、糖尿病、抑郁症和神经衰弱等病，对于噪音尤其不能忍受。1887 年，普利策为纽约市的一次选举奔忙着，他日夜不停地演说，写文章，策划选举事宜。他的身体状况越来越差。有一天晚上，副主编柯克里走进普利策的办公室，看见他直直地望着自己，两行泪水挂在脸上。原来，普利策什么也看不见了，他的双眼已经瞎了！ 1890 年，双目失明的约瑟夫·普利策宣布退休，离开了他为之奋斗的《纽约世界报》，那时他年仅 43 岁。

虽然退休了，但普利策手下还有一批像柯克里这样的精兵强将帮他主持业务。他虽双目失明了，但耳朵能听见，他每天都要听下属汇报工作，然后作出指示。没事时，他让秘书读书、读报给他听。有时由他口授，让秘书代写重要社论。他还造了一艘豪华游轮，乘坐它到处旅游。不过虽然不在公司，可他仍继续指挥着《纽约世界报》前进的方向，源源不断地向它发去各种指示。晚年的普利策是矛盾的：一边拼命寻求奢华的休息设施，渴望安静；一边孜孜不倦、如饥似渴地工作。

殊死的竞争

1895 年，正当普利策在黑暗与病痛中煎熬的时候，一个来自加利福尼亚的年轻人突然闯入了属于他的世界。普利策很快便发现这是他办报以来遇到的一个最危险的对手，年轻人以 18 万美元买下了《纽约新闻报》，闯进了纽约报业界，他就是后来建立了报业帝国的赫斯特。

1863 年 4 月，赫斯特出生于加利福尼亚的旧金山。他的父亲乔治·赫斯特是一个成功资本家的典范，靠自己的

↑威廉·蓝道夫·赫斯特，美国报业大王、企业家。

精明和努力，为赫斯特家族积累了巨额财富。他为儿子买下了《旧金山考察报》，让他作为实验的基地。带着对新闻业的浓厚兴趣和父亲给他的雄厚资金，赫斯特对当时的报业作了深入的调查和仔细的研究。《纽约世界报》那"煽情主义"的方法给了他很大启发。因此，他决定以办报为业，他甚至狂言要让普利策向他认输。在继承了父亲的大量财产后，野心勃勃的赫斯特买下并不景气的《纽约新闻报》后，誓与普利策一争高下。

他将原来已经严重亏本的《纽约新闻报》由每份2分钱降到1分钱，不计成本，争取大的发行量。然后处处仿照普利策的政策和手法，并把普利策的政策再向前推进。他的《纽约新闻报》上的文章都运用最简单的语言来吸引工人阶层，并利用趣味性、刺激性和批判性——即煽情主义来吸引读者，同时他还对自己的报纸大吹大擂。另外他也像《纽约世界报》那样注重抗议社会的丑恶，揭露腐败，反对垄断的罪恶。不仅如此，赫斯特还比普利策做得更刺激、更过分，在《纽约新闻报》上，充斥着各种犯罪、暴力、骚乱、灾祸、色情等新闻，把煽情新闻推到了史无前例的登峰造极的程度。

除此以外，赫斯特还挖空心思采用高薪挖人的卑劣手段从普利策手下挖走了不少骨干编辑记者。1896年1月，赫斯特派人暗中与《纽约世界报》星期日版的编辑人员联系，高薪请他们离开普利策来为赫斯特办报。普利策闻讯后立即以赫斯特开出的同样高薪挽留这些编辑人员，但是

赫斯特马上又再度提高薪金，于是 24 小时内，《纽约世界报》星期日版的全体人员投奔了《纽约新闻报》。

为在竞争中击败对手，赫斯特重金约稿著名专栏画家理查·奥特考特。奥特考特在《纽约世界报》的著名漫画专栏"黄孩子"也移至《纽约新闻报》。"黄孩子"是奥特考特所创作的著名连环画系列，主人公为一仅有几根头发、没有牙齿的小孩，穿着一件又长又大的黄色衣服，到处游荡，发表观感，在当时的纽约很受欢迎。

"黄孩子"被《纽约新闻报》高薪挖走后，普利策十分恼火，他重新聘请画家乔治·拉克斯继续在《纽约世界报》续画"黄孩子"，并将赫斯特告上法庭。于是这场争夺"黄孩子"的战争在整个纽约引起轰动，两报借助人们对此事的关注大肆策划刺激性报道，争夺读者。此时的《纽约客》的著名记者华德曼将两报的新闻报道风格戏称为"黄色新闻"，很快就被人们接受并沿用，成为专门的新闻学学术用语。

1898 年爆发的美西战争是"黄色新闻"进入高潮的开始。在战争打响之前，普利策和赫斯特竭尽所能鼓吹战争，大量刊登西班牙在古巴暴行的报道和图片，激发群众对西班牙的不满。1898 年 2 月 15 日美国战舰"缅因"号在哈瓦那被炸沉，《纽约新闻报》在事先未做任何调查的情况下断言是西班牙人所为，并在报纸上公开悬赏五万美金征求犯罪证据，此举引起各报效仿，美国国内人声沸腾，要求政府宣战。4 月 29 日，美国终于对西班牙宣战。战争一开始，赫斯特立即派数艘汽艇和拖船，率领 20 余名记者到战地采访，《纽约新闻报》销量由 100 万份迅速增至 150 万份。

经过战争考验的普利策却突然清醒了，他已经意识到事态的严重性：《纽约世界报》在战争中已背离了自己的方向，往日那种简练、精确的作风已经受到虚妄、空洞的严重冲击。"煽情主义"也在恣意发挥，《纽约世界报》已经成了一台制造谎言的机器，于是在普利策的号召下，一场展开清除自身垃圾的活动开始了……在实行一系列改革措施之后，《纽约世界报》完全消灭了自己身上的黄色污点，重新恢复到了受人尊敬的地位。

新闻教育

    由于多年的操劳和钩心斗角,晚年的普利策已经心有余而力不足了,他的健康在不断地恶化,他在自己的游艇上周游世界,希望可以逃避病魔侵袭。1911 年 10 月 29 日,这位与抑郁症和精神苦恼斗争了 22 年的报界奇人终于走完了他人生的旅程,那时,他才 64 岁。

    虽然他当时的资产只有 2.8 亿,比起今天的报业大王——鲁伯特·默多克的 400 亿美元的净资产来似乎显得微不足道。但他在那个时期所取得的成就的确是当时美国任何一个报界中人都难以企及的。他的《纽约世界报》的真正伟大之处在于它鼓舞人心的力量,富于感召力的乐观主义精神,改革必胜的信心,以及对只有努力工作、勤奋上进、任命聪明睿智的人才能实现愿望的大力宣传。

    普利策对新闻人才的培养和重视对美国新闻学的创立和新闻事业的兴盛发展起到了巨大的作用。普利策一直对人才教育特别重视,可在当时,世界上还没有新闻学院,新闻工作还没有被看做是一种受人尊敬的职业。大学培养新闻记者,就如同大学培养商人和船长那样,会被人

普利策墓

视做奇闻。独具慧眼的普利策却认识到新闻业的崛起是社会文明进步的一个标志。1903年，普利策立下遗嘱：将200万美元捐赠给哥伦比亚大学创办新闻学院。此外，设立"普利策奖"，奖励新闻界、文学界、音乐界的卓越人士，该奖自1917年以来每年颁发一次。

　　几十年来，"普利策奖"象征了美国"最负责任的写作和最优美的文字"，特别是新闻奖，更是美国报界的最高荣誉。每一个希望有所作为的美国记者无不以获得"普利策奖"作为奋斗的目标。在他死后，最大的竞争对手赫斯特也不禁写下这样的赞美言辞："一位美国和国际新闻界的杰出人物已经去世，在国家的生活中和世界的活动中的一支强大的民主力量已经消失；一种代表民众权利和人类进步而一贯行使的强大权力已告结束。"

⬆ 1910年的哥伦比亚大学，普利策在此创办了哥伦比亚大学新闻学院。

大 事 年 表

1847 年	4 月 10 日,约瑟夫·普利策出生在匈牙利首都布达佩斯东南部的马科城。
1868 年	约瑟夫·普利策取得了律师资格,加入了美国国籍,被《西方邮报》录用。
1869 年	12 月 14 日,普利策出席了在圣路易斯城举行的共和党会议,并被提名为议员候选人。
1872 年	普利策获得了《西方邮报》的最大的控制权。
1878 年	6 月 19 日,约瑟夫·普利策与凯特·戴维斯小姐举行了婚礼,并购进了《圣路易斯快报》。
1883 年	4 月 28 日,普利策以 34.6 万美元的价钱买下了《纽约世界报》。
1884 年	在普利策《纽约世界报》和其本人的策动下,发起迎接自由女神像筹款运动,为自由女神顺利竣工做出了巨大贡献。
1890 年	12 月 10 日,普利策大厦——《纽约世界报》大楼完工;约瑟夫·普利策宣布退休。
1898 年	美西战争使"黄色新闻"进入高潮。
1903 年	普利策立下遗嘱:将 200 万美元捐赠给哥伦比亚大学创办新闻学院。此外,设立"普利策奖",奖励新闻界、文学界、音乐界的卓越人士。
1911 年	10 月 29 日,约瑟夫·普利策因病逝世,享年 64 岁。

福　特

福特，一个爱尔兰移民的后裔，仅凭自己的双手创造出了一个堪与洛克菲勒、费尔斯顿等相匹敌的"福特王国"。其中所蕴含的艰辛，常人可以想象。

对于机械，对于汽车，不能不说他是一个天才。他曾被嘲笑为"疯子""傻瓜"，甚至是一个不守正道的农民。最终，时间证明了他的叛逆，他的提高工资、大量生产、廉价出售"主义"行为是何等的正确。当然，作为尘世的一员，他也有固执、偏激及成功后自负的一面。时代在发展，体制在更新，但在"福特王国"里，创业时的奋斗精神、他所推崇的经营理念一直没有变。

年少时候

1847 年,爱尔兰暴发了严重的马铃薯大饥荒。为了寻找生存和希望,许多人移民到了美国。这其中就有亨利·福特的父亲威廉和母亲玛丽·福特。

1863 年 7 月 30 日,一个呱呱落地的小生命降临在美国密歇根州韦恩郡的史普林威尔镇的一座农庄上。在小福特的记忆里,父亲威廉的形象高大、威严,母亲玛丽对生活的态度、对人生爱默生式的格言、聪明睿智的形象都烙在了福特幼年的记忆里。特别是母亲对责任和义务关系的强调和对环境清洁的要求,影响了他一生,以至于在"福特王国"里,有一段时间仅清洁工竟达 5000 人之多。玛丽在福特很小的时候就开始教他认字了。后来,福特每天长途跋涉去迪尔本仅有一间教室的爱尔兰移民学校上学。在学校,他不仅不是一个神童,而且还是一个爱惹麻烦的孩子。他经常与好朋友艾德塞·卢迪曼一起做小动作,被老师罚站。

由于玛丽的严格要求,福特变得少言寡语,性格内向,对生活的态度近乎于神秘了。在机械方面,福特有着天生的爱好。威廉比较支持他,但要求其所做必须对农场有实用价值。他在家里给福特设了一个工作台。福特的弟弟妹妹总是嘲笑他,不让他接触他们的新玩具,特别是带发条的。因为他见了它们,总会让它们"五马分尸"。一个邻居说过,当福特路过他家的钟时,钟都会浑身发抖。

12 岁的时候,福特对钟表简直着了迷。他常常徒步跋涉到底特律,看五金商店里的制表工具,这时他已可以帮助周围的人修理钟表了。除了母亲,没有人理解他。母亲还允许他把自己的缝衣针改为修表用的螺旋针,把紧身衣上的紧身裙改成镊子。

上小学的福特,自进校后就知道自己长大了。每天回家,内向的他看着水壶发呆。他一直想着 100 年前的瓦特所想的水蒸气的问题。一天,家里没有人,他把水壶嘴和盖子用布和铁丝缠起来,结果发生了爆炸。他的头被炸伤

小时候的福特

青年时的福特

了，后来在母亲的掩饰下，福特才逃过了父亲的责骂……在一个星期天，福特为了证明水的力量，叫了7个少年，把家旁的鲁日河拦起来，装上了磨面的水车，取得了成功。因为散伙时忘了拆堵起来的堤坝，河水被拦到了校务委员贝纳特家中，浸湿了他家的马铃薯，幸好得到了理化老师布休的说情，福特才没有被学校处罚。

梦想之地——底特律

　　1876年，福特最亲爱的母亲玛丽去世了。为了冲淡母亲死讯带来的忧伤，福特把精力花在了拆卸手表上，他完全沉迷于完美的机械世界……此时的福特已经越来越不愿再上学了，他想去自己心目中的圣地——底特律。尽管水壶爆炸事件已经发生5年了，但蒸汽的力量是如何变为动力的，对福特来讲一直是个谜。为了去底特律，他把停马车的车棚门换成了用滑轮控制的自动装置，由此，得到了父亲带他去底特律的回报。

　　到了底特律市，他看到了许多的机器，非常兴奋。他第一次看到了用水蒸气做动力的、没有马的车子，也接触到了活塞、汽缸这些新的东西。就是在这一年，父亲威廉去参观了费城的100周年纪念大展——这是庆祝美国人民发明创造的一次盛会。福特从父亲那里得到了关于蒸汽机、火车头和动力机床等产品的详细情况。

　　1880年春，未满17岁的福特一人独自离家出走到了底特律。开始，他在密歇根车厢公司，工资是一天1.1美元，但他干了6天，就因为解决问题太快，使领班和雇员都难堪而被炒了鱿鱼。

　　后来，福特又在底特律一

底特律

个机械作坊找到了工作,每周工资 2.5 美元,但房租饭钱就得 3.5 美元。于是,他又找了一家钟表店,以每周 2 美元的工资为他们修表,获得了安定下来的机会。在那里,他是一个技工,制作一种小铣床上的阀门,同时学会了他以前从未涉及的图纸制作。在那个时候,底特律正在快速步入机器时代,福特虽然没有正式当过学徒,但他小时候对机械的偏爱使他成了一个成熟的机械师。熟练的工人在那儿到处受到青睐,福特没费什么劲就转到做船坞蒸汽机的底特律最大的造船公司去了。

在造船公司里,福特做着与马达有关的工作。他常在午饭的时候独坐研读机械杂志。在杂志上他看到了专门阐述德国弗里德利奇·欧特博士制作的汽油发动机的文章,他将这在当时还是奇想的文章贮进了脑海……两年后,他以熟练技师的资格又跳槽到"西屋引擎公司"工作。作为移动式引擎的示范操作员,他学到不少有关引擎的知识。

由于实在找不到自己的位置,他只得在闯荡两年后又回到了农场。虽然在家里,但他不去挤牛奶、干农活,而是以汽轮发动机专家的身份出现。他将收割机从一个农庄开到另一个农庄,帮助人们收割。想成为企业家的他,报名参加了底特律金匠商业学院的夜校,开始学习速记、打字和记账。

1887 年,福特在自己选择的职业上干了 7 年后,返回了父亲的农场。虽然他并不爱好农庄,但出于长子的责任,他把家经营得井井有条,特别是把动力引到了机械上,大大提高了工作效率。

1888 年 4 月 11 日,福特和一见钟情的女友克蕾拉在老家的房子里举行了婚礼。新婚旅行归来后,克蕾拉踏进了一座"和我梦中所想一样的"的新房。厨房里有福特自己设计的锅灶,一切都以省力为原则。福特把农场管理得井井有条,克蕾拉是位

福特的妻子克蕾拉

料理家务的能手，把厨房收拾得井井有条。晚餐后，福特总是拿出机械杂志精心地阅读，而克蕾拉就坐在旁边，修补衣服或织毛衣。一天，福特从杂志上看到法国人发明了汽油发动机的车子，于是点燃了去底特律的旧梦。他向新婚的妻子克蕾拉和盘托出自己的计划：要制造一辆采用汽油引擎而不用马拉的车子，并把构想中的车体形状画在一张乐谱的背面给她看。聪明贤惠的克蕾拉坚决支持丈夫的计划，并且深信他能成功。于是，福特又告诉妻子，要实现这个计划，必须具备电气方面的知识，为此他就要到底特律的爱迪生照明公司就职。当然，这个家也得搬去。

↑ 福特在爱迪生公司担任工程师。

这件事来得太突然了，从未离开过家乡的克蕾拉几乎要哭出声来，但理解丈夫的她很快忍住了，并表示就依丈夫的计划去做，把家搬到底特律去。

1891 年 9 月 25 日，福特带着年轻的妻子，告别了家乡和亲人，来到了底特律。他们在穷人区租下一间破旧的公寓。福特正式受雇于爱迪生公司，担任夜间值班工程师。两年后，他又晋升为主任技师。很快，他被提为总机械师。每天下班后，他利用有权下班后使用爱迪生公司机械的便利，从事着自己的研究工作。

↑ 福特

福特一号

1886 年，戈蒂瓦帕·戴姆勒在巴黎向人们展示了一种原始的燃汽机车。1893 年，美国查尔斯和福兰克·德怡在马萨诸塞州的斯普林费尔德制造并驾驶了美国第一辆由汽油驱动的车辆。美国已经朝汽车王国迈出了实验性的

第一步。在关键时候,福特的大部分精力都集中在了克蕾拉身上。1893年11月6日,克蕾拉给福特生下了一个男孩,取名艾德塞。

孩子出生后,福特便搬进了伯格利大街。因为公司总经理害怕福特在工厂使用汽油危险,所以他只得在其后院的一个货棚里继续从事"福特"一号研究。一天,福特在客厅里拿着铅笔在一张五线谱上画出了世界上最早的福特汽车设计图。根据这个设计,他不分昼夜地工作。他家的铁锤与机器的响声吵得邻居难以安眠,邻居都视他为疯子。

克蕾拉给了福特极大的支持。在经济十分拮据的情况下,她去向别人赊账。她相信福特一定会成功。在没成功之前,她对福特进行鼓励。为了保护福特不受讥笑,克蕾拉在她极喜爱的妹妹凯特来访时也不把她带到货棚去,只是神秘地对妹妹说:"福特在制作某种东西,也许有一天我会告诉你。"

1896年6月4日凌晨3点钟,福特亲手制造的第一辆"不用马拉的车"终于完成了。"成功了!"福特和他的两名助手钉上最后一颗铆钉,兴奋地高喊起来。他们像胜利的运动员一样,相互击掌庆贺。福特迫不及待地要到外面试车,但车体比房门大得多,根本无法推出去。他立刻奔回家,取回一把斧头,举起来向小门两侧的墙上砍去。

还没有入睡的克蕾拉从床上跳起,早已进入梦乡的邻居们也被砸墙的声音惊醒,纷纷跑出来看个究竟。外面下起了细雨,周围漆黑一片。身上披着斗篷的克蕾拉,拿来一把伞给丈夫

福特的工作室

遮雨。

一名助手骑上一辆自行车担任向导,这样可以让街上的运奶马车和行人及时让道。福特跃上驾驶座,亲自驾驶他的第一辆汽车,将它开上了大街。

这辆汽油机"四轮车"有 2 个汽缸,功率有 2.94 千瓦,时速 40 千米到 48 千米,车轮与自行车相同,共有 4 个,装在车子两边,中央有 4 个座位。动力传动是用一根连接发动机与后轮的自行车链条进行的。没有刹车,若要停车必须将引擎完全停止。车子只能进不能退,若要倒车,得下车来推。

1896 年福特坐在他发明的第一辆汽车上

由于点火装置发生故障,车行了一段路就抛锚了。住在附近一家旅馆的人们都蜂拥过来看热闹。他们指指点点,叫个不停:"这真是个大怪物! 不知是谁竟把时间、金钱浪费在它身上?""是亨利,他整天整夜都在捣鼓这个玩意。"

福特毫不理会人们的冷嘲热讽,很快排除了故障,又得意洋洋地开车前进了。无论是看热闹的人,还是福特自己都不会想到,一个缩短世界距离的著名企业家就这样踏上了他的成功之路。

尽管"福特"一号 样子难看,而且只能前进不能后退和掉头,功率不大,震动又太大,但它却有特别的意义。现在,它仍保存在福特博物馆里。

赛车获胜

当底特律大街上的福特受到人们讥讽时,他在爱迪生公司依然是受到高度爱戴的机械师和管理人员。发明电灯、留声机、活动照相机的大发明家托马斯·爱迪生,拍着桌子说:"福特,做得好,了不起!继续干下去,你的想法对路子。这种车比电车优越,它能自己提供动力。"这段话给福特一种神奇之力,他卖掉"福特"一号,并开始利用业余时间制造另一辆汽车。

1899 年初,他的"福特"二号诞生了。和"福特"一号相比,在外形上有很大的改变,车体、车轮也加大了,可乘坐两个人。附件增加了,有衬垫的后座,有铜制的车灯,还有漂亮的挡泥板;而重量却减轻了,引擎噪音变小,车体震动也不大。这辆车足以和当时任何先进的汽车相媲美。

1899 年 5 月,底特律市长威廉·梅伯律己和一些朋友们筹集 1.5 万美元,同福特建立了底特律汽车公司。福特既是总工程师,又是他的合伙人。这件事激怒了爱迪生公司的总经理亚历山大·道,他告诉福特已确定他为发电厂总监督,但他必须放弃对以汽油做动力源的汽车的实验。

发电厂总监督是一个非常重要的职位,而且薪水会翻一番。如果放弃,自己在爱迪生公司多年的努力就付诸东流了;如果接受,自己多年的梦想和努力就白费了。在人生的十字路口,妻子克蕾拉非常坚强,支持福特继续研究。1899 年 8 月 15 日,福特辞去了爱迪生公司的工作,时年 36 岁的他又涉足于一个未知的领域了。

1900 年 1 月 12 日,底特律汽车公司造出了第一辆原型车。福特的兴趣关键在于满足报界的好奇,帮他做些前期的宣传,他并不准备把这种车投入成批生产。虽然公众表现出很大的购买热情,但公司制作的速度慢得像和定做一样。公司合伙人不给他时间作组装完善,而只忙于销售,引起了他的不满。11 月,他辞了职,公司也倒闭了。

回顾失败的教训,福特想出一个一举两得的计划,就

🔺福特经过自己的努力成立了底特律汽车公司

是设法用自己的车参加赛车比赛并获胜，这样既可制造出更好的汽车，又能获得他人支持，有助于事业的早日成功。当时，欧美地区流行赛车，谁要在赛车时得胜，谁就能一举成功。因此，他决心制造一辆世界上最坚固、速度最快的竞赛用汽车。

到了 1901 年夏天，他的第一辆赛车造出来了：它功率为 18.4 千瓦，车体轻，速度快，直道上可达每分钟 1.6 千米。1902 年 12 月 1 日，底特律郊外的克罗斯体育场里挤得人山人海，全美的赛车冠军温顿在那里接受挑战。温顿的"炮弹"号曾战果辉煌，过去曾多次打破纪录。与"炮弹"号相比，福特的"骷髅车"难看无比。

福特制造的第一辆赛车

发令枪响后，温顿的车一跃而起，但福特的车起步相当慢，而且在拐弯时晃动非常严重。但一上直路，福特的车就飞快前进，并最终得了冠军，并将汽车跑完 0.5 千米的纪录缩短为一分一秒又五分之一，福特也赢得了 1000 美金奖金。由于赢得了比赛，全国要求投资的人络绎赶来。最终，福特选择了汤姆·库巴。汤姆·库巴希望他再造一辆车参加第二次比赛，资金由库巴出，与此同时也希望能成批量地生产。福特却只专注于赛车制造，没有精力管其他的，这注定了这次合作也将以失败而告终。

后来，福特夜以继日地造出了两部赛车，都是 4 个汽缸 58.84 千瓦。车开动时，火花四射。这两部车一部命名为 "999"号，一部为"飞箭"号，并用"999"号参加 1903 年的赛车比赛。克蕾拉极力反对福特去

福特正在参加 1902 年的赛车比赛

驾驶"999"号参加比赛。福特无奈，雇了一个胆大的自行车运动员奥德菲尔参加了8.5千米的特别挑战赛，对手还是亚历山大·温顿。车手只学了一周的驾驶，便冒着生命危险上场了。

比赛带来了预期的胜利，创下了全美最高纪录，福特的名字也同"飞人"联系在了一起。虽然比赛使福特高兴，但他所想的仍是建立自己的汽车工厂，也正准备着找人投资公司。

福特公司的组建

比赛为福特赢得了名誉，也为他赢得了商机，使他终于可以实现当总经理的愿望了。一些著名商人都找机会来跟福特合作。这时，福特遇到了第一个无条件地信赖其天赋的商人——亚历山大·梅肯森。梅肯森是一个不安于现状的苏格兰人，他从小自己创业，通过购买，他把底特律煤炭商中有竞争实力的厂家挤了出去，成了行业的主宰人物。梅肯森不仅是个精明的企业家，也是一个投资的冒险家，他有着商人和赌徒的双重性格，这一点吸引了福特。

1903年，福特公司组建成功。全部资本10万美元，福特和梅肯森各分担25.5%，由木材工厂改建为汽车装修工厂。福特担任工厂的常务董事和技术主任，月薪200美元。

开始，福特公司的零件是由道奇兄弟在底特律所开的一家大机器工厂制造的，条件是道奇兄弟在他公司里拥有50股股权。他们在道奇公司签订了650套发动机、转动机和车轴，每套定价250美元；又和一家马车公司签订了单

▲福特汽车公司

价为 52 美元的木质厢体订单；且和哈特佛特橡胶公司签订了每套单价 40 美元的轮胎订单。

梅肯森这时也在为弄到所需款项四处奔波。汽车商贝纳特和好朋友银行家约翰·格雷，还有替梅肯森收债的两位律师一共投了 1 万美元。公司雇用了 10 个男子，月薪 150 美元，开始在迈克大街研制他的 A 型车——双缸 5.88 千瓦，时速最高 48 千米。与此同时，公司还雇用了两个杰出的人物：一个是工程师契尔德·霍罗尔·威尔斯，另一个是新企业商业管理库森斯。

福特公司的生产流水线

威尔斯是和福特一块研究 "999" 号赛车的一名工程师。在 "999" 号以后，他帮助福特研究了新 A 型的生产原型车。设计完成后，他模仿福特签名，以 "ford" 做新车标志。库森斯是梅肯森的顾问，他一开始就相信这是一个生财之机。他从梅肯森那里预支了 500 美元，借款 1500 美元，再加上自己的 400 美元和妹妹的 100 美元共买了 2500 美元的股票。

库森斯给广大听众做广告宣传时，重点强调了 A 型车的实用性。虽然第一批售价 850 美元，但需求量很大。营业仅 6 个月，公司就宣布股份红利达 10%。

这时，梅肯森坚持要组织一次公开活动以吸引公众的关注，并想通过它来煽动人们购买豪华车的热情，这使福特很不安。这次公司准备用 "飞箭" 号（"999" 号的姊妹车）在圣克略尔湖冰面上做 1.6 千米笔直的赛程，由于奥德菲尔没有来，只有福特亲自上阵驾驶。

比赛那天，11 岁的艾德塞站在克蕾拉身旁。没有人竞争，只有时

"飞箭" 号赛车

间。比赛开始了，福特创造了 53 米/秒的新世界纪录。比赛下来后，他脸色苍白，浑身颤抖，但他获得了自由通行的权利，车型被广泛接受了。在 1905 年 6 月，公司一个月的销售额就达 35.6 万美元。

这段时间，福特的父亲威廉去世了。而福特和梅肯森的矛盾也越来越大。梅肯森支持利润大的豪华车，而福特主张生产 A 型车和另一种仅售 800 美元的 C 型小车。冲突的最后，是在 1906 年 7 月，福特买下了梅肯森的全部股票，共 255 股，出资 17.5 万美元，这使福特最终控制了自己的公司。而这次让股，可能是 20 世纪让利最大的一次。10 年后，它的价值为 6400 万美元。

T 型车的故事

1907 年，董事会把福特的年薪提升到 3.6 万美元，但与红利相比，这只是小利润。他和克蕾拉在爱迪生街建了一幢耗资 30 万美元的住宅，宽敞的车库停有自己的小车和克蕾拉的"女流型"电车和送给 14 岁的艾德塞的 N 型车，福特还在车库给艾德塞修了一个小车间。

福特和威尔斯一块完成了 N 型车的改进型 R 型和 S 型。公司继续按字母顺序发展新车型，于是，1908 年 3 月 19 日推出了 T 型车。对于 T 型车，福特就像有了新玩具的孩子。他常在车间和工人逗乐，用花言巧语使他们加劲干活。对福特而言，T 型车不仅是一辆汽车，更是一种召唤、一种福

1908 年推出的福特 T 型车

↑受人们欢迎的福特 T 型车

特确信将把汽车工业带到效率和实用天国的车型。

T 型车是第一部轰动全国的汽车。记者说，T 型车有骡子的某些性格，有猎犬的勇猛、骆驼的耐力，它的价格将会很低，只要薪水不错的人都买得起。

T 型车被选做国家的一种吉祥物，并得到了"轻便小汽车"和"廉价小汽车"的绰号。在 1912 年南加州威尔逊山地争夺赛中，T 型车力克群雄。一位推销商把 T 型车放在一块离地面 1.5 米高的大跷跷板上前后开了几个小时，以显示 T 型车的灵敏度。T 型车还被卸去车壁参加汽车马球比赛，以显示出它的不定传动性能。推销商还表演了一场"T 型车牛仔竞技"：T 型车先停在场外，公牛放出后，T 型车如飞而至，牛仔从车中扑向公牛，将它扭倒在地。

福特把 T 型车当做名片使用，他送了一辆给他崇拜的博物学家约翰·巴罗斯，还送了一辆给他的偶像托马斯·爱迪生。他请爱迪生为汽车研制一种电池，启动马达和一种发电机，并借给他 100 万美元，帮助他的公司渡过了困难期。

↑福特 T 型车生产线

T 型车使公司在 1909 年 7 月以前红利就高达 170 万美元。价值 190 万美元的新股票被一小群股东售毕，一星期后公司又宣布了另一起 60 万美元的即付红利。这时的福特像是在大淘金热中开挖到了母矿体一样，金钱滚滚而至。

1913年，福特公司又首先研究出传送带生产线，这使其生产率大大提高。当1927年T型车系列结束时，福特公司已经生产了1500多万辆廉价小汽车。这在当时不能不说是一个奇迹，而这个奇迹正是在亨利·福特的领导下创造的——他是世界上第一位使用流水线大批量生产汽车的人。这种新的生产方式使汽车成为一种大众产品，它不但革新了工业生产方式，而且对现代社会和文化产生了巨大的影响，因此有一些社会理论学家将这种生产方式和管理体系称为"福特主义"。

五元钱宣言

在福特建厂初期，他的汽车工厂还勉强能凑合，但随着发展势头越来越好，钞票滚滚而来，他买下了底特律郊区高地公园里近25公顷的比赛跑道，并雇了著名的建筑师阿尔伯特·卡恩来设计那儿的巨大工厂。

福特汽车公司凭着创始人亨利·福特"制造人人都买得起的汽车"的梦想和卓越远见，福特汽车公司历经一个世纪的风雨沧桑，已经成长为第四大汽车公司。

在新的工厂里，开始使用传动装置，生产程序趋于自动化，提高了工作效率，使福特车的成本大为下降。与此同时，工人的待遇却没有得到改善，于是，在工人中出现了一种不满情绪。工人家庭有1/4处于吃不饱饿不死的状态；有1/4，生活仅够得上一般水准；在1.5万人中，自己有房子的才364人，于是，福特开始对工资进行调整。

1913年圣诞节后，福特就为了调工资在争取董事们的支持。首先，顺利通过了将作息时间从9小时工作制变为8小时，全天实行三班倒。这

样下来，工厂可以多养活4000个工人，而且提高了工作效率。其次，就是工资问题，这时工厂里面专门设立了社会问题部，工人的工资太低，在工厂里导致了严重的劳资纠纷。讨论再三之后，福特一锤定音，将工人的工资确定为最低日薪5美元。

日薪5美元，这个数字是当时一般工资的两倍，而且"最低"，这就意味着连扫地工人都可拿到这些钱。宣言发表后，一夜之间在新工厂周围出现了数千名来找工作的人。虽然总经理大声叫喊着"不需要工人！"但压不住人潮。警察使用了高压水龙头驱散人群，第二天、第三天依然如故。福特也作了"这场风潮没平息之前，决不录用一个人"的说明，但仍无效果。1月12日，1.2万名工人冲来，与警察发生冲突，几乎发展成暴动，福特不得不从办公室的窗口逃走。

其他的汽车制造商指责福特为阶级的叛徒，说福特将毁灭整个汽车工业。然而，这种新工资制度，对福特公司起了很好的作用。旷工率从10%降到了不到0.5%。福特工厂的工人常以他们能在公司工作而自豪，福特工厂的标志成了他们一种能力的象征。

"5美元日薪"的最大意义是后来才显示出的，它为福特的产品创造了一个全新的消费群体。工资的提高，把大部分的工人提升到了中产阶级，使他们能够购买他们所追求的汽车。福特觉得更多的钱可能会导致工人堕落。所以他决定，工人获得利润分享份额必须有

福特汽车工厂正在工作的员工

福特公司汽车装配线上的员工

一个前提条件,即这个工人必须有节制力和勤奋,并且要通过工人的福利机构促使工人做到这一点。

"5美元日薪"宣布以前,亨利·福特只是底特律有显赫地位的汽车商,在全国而言,他微不足道。但"5美元日薪"公布后,他成了全国公众所瞩目的名人。几个月之内,福特就成了一个家喻户晓的人。

福特王国的建立

1918年,第一次世界大战结束后,福特工厂又恢复了和平时代的生产事业。他将汽车生产的任务交给儿子艾德塞管理,自己热衷于农业用曳引机"福特生"的研究和生产。公司的效益一天比一天好起来了,公司开始筹办新的工厂。

1916年,公司营业额达到2.04亿美元,利润实现了6000万美元。福特决定拿出4000万美元还给购置福特车的人,每辆80美元。剩余的2000万美元,用其中的1900万美元在鲁日河岸建造大炼钢厂,以供应公司所需要的钢铁。最后,股东利润的分配只分到了100万美元,使其他的股东大为不满。但福特拥有半数以上的股权,其他股东也无可奈何。

新工厂在不断地扩大和发展,福特公司也漫无止境地发展下去,股东们早就持有异议,对这样的利润分配股东们都愤愤不平,结果,公司仅次于福特的股东道奇公司将福特送上了法庭。

福特的儿子艾德塞

道奇的理由是"公司是股东组织,赢利应当分配给股东。牺牲股东利益,而分配给员工和购置汽车的人,完全是一种违法行为"。并且要求福特"停止扩建工程,其已动

费用全部由福特私人承担"。

法庭经过了漫长的判决，使福特公司拨出 1927 万美元作为特别股息，禁止增加固定资本，停止炼钢工程的建设。福特又向高院提起上诉。重裁为：公司经营事业而拟订提高工人待遇的办法，增加设备这是公司的自由。不过 6000 万美元赢利中，提出 1927 万美元的特别股息，则为公司的义务。

↑ 福特汽车公司新铸造的工厂

福特在 10 天内支付了 1927 万美元的特别股息，他本人就获得了 1118 万美元，道奇兄弟获得 197 万美元。这次痛苦的经历使他深感拥有全部股权的重要。于是，他提出了辞职。股东们大为震惊，因为，没有福特本人的福特公司将毫无意义。

股东们不知所措，只好将手中的全部股权售给了福特。1919 年，福特用克蕾拉和艾德塞的名义，以 1.25 亿美元的高价，收购了全部股份。此时，以福特为中心的汽车王国正式成立了。

战后的美国，出现了短暂而空前的繁荣。但 1920 年春天以后，这种繁荣日趋下降，不景气的风潮开始席卷世界。失业人数骤增，一切原料价格都居高不下。最终，福特将每辆汽车的售价降为 440 美元。可是只持续了 3 个月，福特便只得将工厂关闭。

当时福特公司因收购股票而开出的支票尚有 3300 多万美元未付，另欠税金 1800 万美元、员工工资奖金 700 万美元，而其银行的存款仅有 2000 万美元，资债相差有 3800 多万美元的欠款。除了向银行贷款，想清赤字，别无他途。

但福特一直对银行家持强硬的

⊞ 福特开始将其他投资者手中的股份买回，这使他和他的儿子成为公司的唯一拥有人。但这个决定给福特汽车公司带来了一定的打击。一战后的萧条迫使福特借巨款来买回他的股票。

⬛ 亨利·福特的工厂

态度。他首先任命自己的儿子艾德塞为董事长兼会计主任，准备背水一战，开始在公司进行大刀阔斧的整顿和改革。

为了对付高价原料，福特关掉了一些工厂，通知全美35家代理店：所有零件均装配汽车出售，否则另选代理。如此一来，迅速售出库存车6万辆。至4月1日，全国代理店和国外分店共缴来现款2770万美元。工厂的副产品卖了370万美元，此外，身旁的公债又售出了790万美元。

在工厂里，福特节省开支，将1074名行政职员裁减为528名，其余全部调往生产部门。这样，就使每辆车的事务费由146美元减到了93美元。仅仅两个月，福特在银行的存款由2000万美元增至8700万美元，5800万美元的欠款，还完后还剩2900万美元。

仅仅一年，福特公司的生产打破了原记录，总售出100万余辆，全额5.46万美元，利润达到7500万美元，创造了历年来的最佳记录。以后，为了在竞争中获得有利地位，福特开始了一系列的自给自足措施。他将造汽车所必需的铁矿、煤、木材、玻璃、皮革、布和油漆以及运输的轮船和铁路都来自己经营，这样可以减少浪费，节省时间，降低了成本。福特开始了越来越大的创业活动。

转　变

20世纪20年代初期，福特的性格起了极大的变化，并从此持续一生。他越来越醉心于公司的控制权。在公司里，他建立了一个拜占庭式的权力结构，使员工树立起对他的个人信仰。有两个人因为对他俯首帖耳，被他安置在了权力的顶端。大量的老员工、众多的经营者将被他辞去，

成为了他新的竞争对手。

查尔斯·索伦森与欧内斯特·G·莱伯尔就是被迅速提升的人。索伦森原来是迪尔本一家银行的出纳，受雇于福特正好是公司迁入新工厂的那天。6年后，索伦森由于对公司和福特本人至死不渝的忠诚而被迅速提升为公司办公室经理。这时的原经理库森斯，这位极善经营和管理的老将，因为被福特怀疑而被迫辞职。

莱伯尔是因为 1917 年福特对一个民间团体投入了价值 10 万美元的土地和 1 万美元，在修建当时被称做底特律医院的工程中，因于医务和财务方面的极好表现而被提升的。他性格生硬，而心计极细，因帮助福特处理了不少难事，表现出了极度的忠诚而被器重。

两名新秀迅速取代了原来老员工的位置，他们对公司进行了大清洗。首当其冲的是诺维尔·霍金斯，他是一个曾蹲过监狱的囚犯，是福特汽车公司的首任推销经理。他在 1903 年起家，1919 年已建立了一个年推销能力近 100 万台、拥有 1.1 万名员工的网络。他因敢于对福特剖白自己的想法，而以"不服从上级"遭到解雇。

第二个人是霍罗尔·威尔斯，他帮助福特造了 1903 年的跑车，是汽车业最伟大的工程师之一。他因高消费惹怒了福特。福特让他无事可干，因为在 T 型车后，福特就对汽车改进再也不感兴趣了。最后，福特给他开了 150 万美元的支票，他离开了。

接下来是弗兰·克林金·史密斯，公司副总裁和财务总管。自库森斯后他统管财务。虽然他对艾德塞的成长培养有重大作用，但他的独立性深为福特讨厌。还有社会问题部的塞缪尔·马奎斯，"和平轮"上的同伴者，他是抵制公司中不断滋长的专断恶习的一位勇士，当他看到公司一切都由个人独断专行时，便离开了。

如果说这些英才的离去是重大损

亨利·福特

失，那么，让·威廉·努森的出走就是公司前所未有的损失。努森是福特年轻经理中最精明的一位，他严于律己，宽以待人。他为福特建立起了 14 个分厂。在被解雇那天，他提出了辞职。福特的说法是"我让他走，不是因为他不好，而是他好得叫我受不了"。随后，努森加入了通用汽车公司，并很快经营起了福特的主要竞争对手——雪佛兰车，抢占了福特大量的市场份额，像精灵一样困扰着福特……

1925 年，T 型福特汽车日产量达到 1 万辆，占到美国汽车产量的 41%。1927 年生产了 1500 万辆 T 型福特车。大的规模给福特带来了巨大的利润。1914 年，他提出了日薪 5 美元宣言；后来又提升到 6 美元；1926 年，将每周 6 天的工作时间降为 5 天这些措施，将他推上了汽车制造界的首座地位。无疑，这一切来源于 T 型汽车。从此，他认为再没有更好的汽车了。

时代是向前发展的，当福特越来越陷入自己造就的神奇时，世界上一些大的汽车公司迅速崛起。经过了 19 年，美国人的爱好已经转变了。由于生活水准日渐提高，美国人民所爱好的，已经由过去的实用汽车，转变为了流行而漂亮舒适的汽车。

联合公司制造了大量的新型汽车，T 型福特车的销售受到极大的影响。推销商们早就反馈让公司改变汽车的

福特与儿子艾德塞

造型和设计，但福特却认为是推销不力才致使产品销售形式不乐观。最终，在艾德塞的强力坚持下，面对着越来越小的市场份额，他不得不在 1927 年 5 月 26 日结束了 T 型车的神奇历史。

亨利·福特以旧时的热情全身扑到了对下一辆新车的艰苦设计中。虽然他已经 64 岁了，但他还是全身心地投入进去。此时的福特和新的工程师劳伦斯包下了对新车的发动机的设计，而艾德

🔶 福特 A 型车

塞揽下了对新车的式样风格的流行设计,还有车身内部的装潢和仪表。在真正看到艾德塞的工作时,福特才真正明白艾德塞已经掌握了汽车制造的全部技术。

福特工厂整整停工 6 个月,福特投入了千万元巨款,更换了 3000 部新机器。像这样全部脱胎换骨的改造,在美国工业史上尚属首次,它要制造 6000 个新部件,要夜以继日地工作建立新的制造工具。10 月初,全部处理妥当。1927 年 10 月 21 日,第一辆新型样车开出了生产线,福特将它命名为 A 型车。

12 月前,市场上刮起了一股广告风,连续 3 天在全国所有主要报纸上以整版篇幅登出了 A 型车,给公众以刺激。A 型车露面之时,全国各地的推销处都挤满了人。仅 1 天在纽约就收到了 5.5 万份现金的购车押金,在新车展出的 36 小时内,有 1000 万人目睹了它的风采。

这种新式 A 型汽车和仅偏重实用的 T 型车完全不同,它形式新颖,不仅有轻便舒适之感,而且功率大,速度快,总之,完全胜过了 T 型车,胜利归属了福特。福特以为 A 型车能给他带来像 T 型车一样长时间的荣誉,却不想雪佛兰厂于 1928 年末推出了一种新的六活塞车型,虽然较贵,但对 A 型车的销售却构成很大的威胁。福特以为的汽车世界竞争不强的日子已经终结了。

1929 年 10 月 21 日之前,福特认为他最坏的日子已经过去了。在这一年,福特公司共售出 185.1 万辆车,占整个汽车工业总数的 34%，远远高于雪佛兰的 20%。在 1909 年，汽车在工业中占第 20 位，但 20 年后，它成了第一位，成了美国的支柱产业。当众多的汽车制造商们高谈阔论美好前景的时候，华尔街崩盘了。随后的几年中，汽车业经历了一次重大的调整组合。约有 1/3 的汽车制造商被迫离开了汽车工业，整个供应商和批发商的根基消失了，而福特再现了他的神奇。

在经济大衰退期间，福特削减了福特车的价格，他把工人的工资提到了日薪 7 美元。尽管如此，通用汽车公司还是占据了全国市场的 31%，比福特多 3%。

迫于竞争，福特不惜花费了 5000 万美元从事设计和生产线的改造，再一次动手研制一种 V-8 产品，以更新产品。这种车于 1932 年 6 月上市展出，有 14 种车型和十分夺目的曲线外形，还配了令汽车工业赞叹的 47.1 千瓦的发动机。

在 V-8 的设计中，福特变得很怪异，他一直以为经济危机很快就会过去，但作为美国的第四大城市，底特律的灾难是深重的。在 1929 年，汽车业总共制造了 529.4 万辆车，价值 37 亿美元。而在 1933 年仅生产了 184.8 万辆，价值 11 亿美元。在这以前的 4 年中，有 1/3 的人失业，20 多万人依靠救济生活，15 万人逃走。福特也被迫取消了增加的工资，而且把工人工资降到了 5 美元以下。

年迈的福特和他的儿子和孙子

退而不休

75 岁生日是福特健康的一个转折点。在以前他总是炫耀他的活力，但这次生日后不久，他便得了轻度的中风。他把病情压了下来，对外只讲得了重感冒。病情的影响不太严重，但他变得越来越古怪了，他仍坚持只要他活着就

要控制公司。不料在 1943 年 5 月，福特的儿子艾德塞在 49 岁的时候不幸去世，这让老福特不得不将退休时间向后推延。

这时，亨利·福特的孙子——亨利·福特二世在公司矛盾发展中也日益成熟了。1945 年 9 月 21 日，亨利·福特让位给他的孙子。福特退休后，虽然很少再到工厂里去，但他仍时刻关注着公司的发展。小亨利在工厂中进行了改革，他有刚强的个性，把公司治理得井井有条。

1946 年 6 月，底特律举行了规模盛大的纪念汽车工业 50 周年庆祝会，庆祝会历时 10 天。福特坐在自己的"福特"一号上，带着克蕾拉进行了游行。

1947 年 4 月 7 日晚，福特喝了点牛奶就睡了，过了会儿，他喊道："我有点不舒服，头很痛。"过了会儿，就撒手人寰了，这一年福特 84 岁。

同世界上许多传奇人物一样，福特的死引起了世界性的关注，杜鲁门总统、丘吉尔、斯大林都发来了唁电。10 多万人来福特纪念馆，向福特道别，有人说："在福特身上综合了个人所有的最好与最坏的品质。"他制造的汽车数量与他出生时的人口数量一样多。

↑ 福特和她妻子试乘发明的第一辆车游行

毋庸置疑，福特是汽车工业史上的一个传奇，在大起大落之中，他创造了自己的王国，不管他最后做了些什么，他留给人类的还是有许多可以回味、必须思索的东西。"当他刚到人世时，这个世界还是马车时代。当他离开人间时，这个世界已经成了汽车的世界。"这是 1947 年 4 月《纽约时报》上的一段文字，它形象地概括了福特与这个世界的联系。

福特虽然走了，但福特王国却开始了一个崭新的时期，亨利·福特二世开始把福特王国引向新的征途。

大 事 年 表

1863 年	7 月 30 日，亨利·福特出生在美国密歇根州韦恩郡的史普林威尔镇。
1876 年	福特的母亲玛丽去世。
1880 年	春天未满 17 岁的福特一人独自离家出走到了底特律。
1888 年	4 月 11 日，福特和女友克蕾拉在家乡举行了婚礼。
1891 年	9 月 25 日，福特带着妻子，告别了家乡和亲人，再次来到底特律。
1893 年	11 月 6 日，克蕾拉给福特生下了一个男孩，取名艾德塞。
1896 年	6 月 4 日，"福特"一号研制成功。
1899 年	5 月，福特和合伙人建立了底特律汽车公司。
1899 年	8 月 15 日，福特辞去了爱迪生公司的工作。
1900 年	1 月 12 日，底特律汽车公司造出了第一辆原型车。
1902 年	12 月 1 日，福特设计的赛车赢得温顿的"炮弹"号，一举成名。
1903 年	福特公司组建成功。
1906 年	7 月，福特买下了梅肯森的全部股票，最终控制了自己的公司。
1908 年	3 月 19 日，福特公司推出 T 型车。
1913 年	圣诞节后，福特将工人的工资确定为最低日薪 5 美元。
1919 年	福特收购了全部股份，以福特为中心的汽车王国正式成立。
1927 年	5 月 26 日，T 型车的神奇历史宣告结束。
1927 年	10 月 21 日，第一辆新型样车开出了生产线，福特将它命名为A型车。
1945 年	9 月 21 日，亨利·福特让位给他的孙子。
1947 年	4 月 7 日晚，福特逝世，享年 84 岁。

沃 森

　　说到信息技术，人们必然想到电子计算机；说到计算机，人们又不约而同地提到当今世界最大的计算机厂商 IBM——国际商用机器公司。

　　IBM 的创始人托马斯·约翰·沃森一生的经历向众人演绎了一个典型的"美国梦"。一个苏格兰移民的儿子，依靠自己的聪明才智，一步一步地从不起眼的推销员成为企业家，并最终创建了这所世界知名的公司。在他的领导下，IBM 从一家生产磅秤、切肉机的小公司发展成一家以商用机器为主的世界最大的企业之一。小托马斯·沃森则在其父的基础上，通过自己的努力使 IBM 成长为真正的"蓝色巨人"。

清贫少年

1874 年 2 月 17 日,托马斯·约翰·沃森生于美国纽约州北部一个农民的家庭。他是一对苏格兰和爱尔兰移民夫妇的唯一的儿子,全家都笃信基督教。沃森的父母在纽约州过着清贫的生活,靠伐木和种地谋生。尽管生活艰难,但全家仍然勤奋地工作,并且始终对生活抱有一种乐观的态度。

由于家境贫困,约翰·沃森幼年和少年并未受过多少正规教育,但他从父母身上继承了许多优秀品质:勤恳、踏实、办事认真、正直坦率、崇尚个人奋斗。

为了减轻父母的生活压力,约翰·沃森 17 岁就开始了他的第一份工作。销售成了他进入社会大学的入场券。那时他赶着马车,作为一个默默无闻的推销新手,走街串巷地推销钢琴、风琴和缝纫机……此时的推销员是一项艰难繁琐而又被人看不起的工作。因此小沃森受到了很多白眼,但正是推销的经历锻炼了他。很多年以后,约翰·沃森还津津乐道他早期的小贩经历,尽管非常辛苦,但他却感慨:"一切始于销售,若没有销售就没有美国的商业。"也正是由于早期的推销工作使得约翰·沃森后来在 IBM 极其重视推销员和推销工作,其中的酸甜苦辣他都亲自尝过,深深理解其中之味。

他的第一个老板是一个五金生意商人,他雇佣沃森帮助推销,并按星期付 12 美元的工资。刚开始沃森认为这挺好的——因为这项工作工资比当地镇上银行出纳员工资都高,就答应了。直到有一天,有人告诉

美国纽约州北部的农村气象,约翰·沃森就生长在这种环境之下。

他,推销员通常拿的是佣金而非工资,若按前者算沃森每周应得 65 美元,沃森感到愤怒就辞去了工作。从那以后,这件事牢牢地记在他心里,他总是争取按佣金取酬,保证自己应得利益。

最初几年,沃森生活窘迫,他 19 岁时到布法罗城找工作,但经济一片萧条,找不到工作。有时他不得不睡在杂货铺地下室的海绵堆上。由于只有一件西服,当洗熨衣服时,他得穿着内衣在裁缝后边等着。可年轻时的苦难并没有把沃森击倒。由于出身贫寒,他对艰辛的日子习以为常,然而,由于年岁、阅历的增加,梦想出人头地的欲望被一步步地鼓动起来,他的雄心壮志是在生活的磨砺中逐步产生的,见的世面越大,进取心就越强。他清晰地记得小时候对富人家豪华马车的美慕。他知道他还年轻,有的是发财机会。

▲ 年轻时的沃森

在布法罗城,一个叫巴伦的推销员雇用沃森,并给予他丰厚的佣金。这时的沃森开了一家肉店并梦想经营一个零售帝国,不料一天早晨,巴伦携款而逃,沃森陷入破产。这时困境中的沃森把谋生的目光投向"国民收款机公司",因为这里月薪平均 400 美元,收入可观。而老板帕特森是当时有名的"推销天才",在他手下,很多质朴勤奋的青年成长为一流的推销人才。

在辱骂中成长

国民收款机公司是一家刚成立的世界首家商业机器制造和销售公司。它的创办人约翰·亨利·帕特森是个工业界的创新者和精力充沛的实干家,被尊称为"美国销售之王",但脾气暴躁、性格乖戾。1895 年 10 月,沃森先去该公司布法罗营业处见经理兰奇先生,结果被拒绝了,但是无论怎么被打击,沃森总是以微笑来面对兰奇。实在经不过沃森的死缠硬磨和坚韧的持久战,兰奇决定同意沃森试用。

沃森第一次推销现金收款机是失败的,他遭到兰奇愤怒的斥责和百般辱骂。这是兰奇承袭帕特森的训练方式,先把你的自尊撕成碎条，再重新给你缝合，并告诉你该怎么做。一般人往往不能忍受这种家长式的暴虐待遇，会拂袖而去，而沃森却能惊人地忍耐，在羞辱的绝对服从中去学习——因为这就是帕特森推崇的推销职业训练。

兰奇是个经验丰富的推销员，他通过训练和观察来了解沃森，掌握在何时可用严厉训斥和大发雷霆来唤起沃森的热忱和上进心。他手把手亲自示范，亲自带沃森出去推销。兰奇是沃森的"推销教练"，沃森从兰奇处学会了怎样当一名推销员，怎样训练一名推销员，怎样从推销中脱颖而出。天生聪敏的沃森是一个天才模仿者，他竭力效仿兰奇等上司的做法，并用心揣摩，这就决定了沃森日后势必会超越他的老师。即使在日后，在 IBM，沃森仍经常向下属们介绍兰奇怎样用实例、责备、驯服，用肯定或否定去磨炼训导推销人员。

沃森把兰奇的经验融入他整个生命之中。一年之内，他已成为东部最成功的推销员，每周 100 美元佣金。25 岁时，他已超过兰奇成为布法罗的首席推销员。客观地讲，兰奇是帕特森的优秀学徒，而沃森则成了最好的再传弟子。沃森优秀的表现引起了帕特森的注意，第二年夏天，帕特森选中他为罗彻斯特分店的推销代理人。这时，他已积攒下一些钱，并在罗彻斯特买下了一所房子，沃森后来回忆说："刚在兰奇手下，的确是夹着尾巴做人，专心揣摩学习。"

刚去之时，罗彻斯特的销售在国民收款机公司所有分店中排倒数第一，在沃森的经营下，几个月之后就跃升到第六位。但第二年销售

托马斯·沃森的奋斗经历至今仍为世人所津津乐道。

却下降了,原来他们主要的竞争对手——霍尔伍德公司挤掉了他们的大部分市场份额。愤怒的帕特森要求沃森将他们的对手立刻挤出罗彻斯特,因此,他指导沃森竞争要不择手段不计后果,此时的沃森只有服从。

↑ 沃森进入国民收款机公司后依靠自己努力被提拔为公司总经理

有一次,霍尔伍德公司的一名推销员无意中对沃森说他将去拜访一位可能的主顾,待他第二天赶到时,沃森已经抢走了他的生意,拿着订单正欲返回。后来沃森在 IBM 总用这件事告诫他的推销员们,要求他们掌握竞争中的先导优势。沃森像帕特森一样训练并强制各地的代理人采用暗示和威胁的竞争手腕,利用诉讼来对付承受不起持久诉讼费用的小企业,控告他们侵犯专利或犯有诽谤罪,从而使小企业不得不让步。沃森站在霍尔伍德营业处外面,观察和记录下每一事实或潜在买主,他们向这些买主警告说竞争对手的机器质量有问题或侵犯专利权,然后以低价抢走生意。这样,沃森的工作很快达到目的,1910 年,他本人也被提拔为仅次于帕特森的总经理。

帕特森是个专横粗暴的人,但他却用优厚的待遇来换取雇员的忠诚和绝对服从。他的天才之处是将整个销售领域分为若干独立区域,这样推销员彼此间不用担心抢生意。他给推销员丰厚报酬,而在此之前,推销员是一份被人瞧不起的工作。

1903 年 10 月,沃森从帕特森处接受了一项秘密任务。当时,收款机的中间商市场发展迅速,并超出了帕特森的控制。帕特森决定采用间谍活动、金钱收买和秘密委派代理人等手段,清理并占领中间经销市场,由于沃森的绝对忠诚以及在罗彻斯特的优秀表现,帕特森认为沃森是理想人选。最终,沃森的出色表现为他在公司赢得了名气,从此,他在公司的地位不断上升,收入状况也不断变好。然而帕特森是一个专横好猜疑的人,当总经理查尔默斯忍无

可忍抵制他时，帕特森也立即解雇了他，沃森替代了查尔默斯，成为总经理。所以，沃森在公司里也是战战兢兢的。帕特森在，他就非常紧张，连脸上的表情也是苦恼的；帕特森一走，他就能发挥自如，可以同人们长时间地谈话，对公司的销售方法做些改变。可是，谁都没有料到一场官司正在悄悄逼近……

1912 年 2 月 22 日，沃森以及兰奇等 30 个国民收款机公司的高级人员被起诉，罪名是贸易限制维持垄断等。查尔默斯作为公司的前领导核心人员，掌握着大量证据，决心使帕特森破产。国民收款机公司的罪证确凿，无可争辩，法院于 1913 年 2 月 13 日做出了判决：帕特森和沃森及罗杰斯 3 人被处一年徒刑及罚款，沃森以 5000 美元的代价获得了保释。

就在这段灰暗的日子里，沃森遇到了自己的终身伴侣珍妮特·基特里奇。他用自己的技巧赢得了"平生最成功的推销"，没过多久，儿子出生了，正在沃森最高兴的时刻，生性多疑的帕特森却认为沃森暗自培植亲信，拉帮结派，尽管沃森努力为自己申辩，但毫无结果，无奈于次年 4 月愤而辞职。此时的沃森又陷入了困境：失去了生活保障，丢了饭碗，年龄也快 40 岁了……他只好带着新婚不久的妻子

↑沃森和他的夫人庆祝福特的 80 岁生日

和一个嗷嗷待哺的儿子去纽约闯荡。

尽管帕特森在提拔重用沃森多年后，又将其逐出了公司，但沃森却从未抱怨过，并且一直到去世都很崇敬帕特森，他常说："我做生意的所有诀窍几乎都来自帕特森。"

40 岁的创业

1914 年，沃森遇上了 IBM 前身的奠基者查尔斯·弗林特。弗林特是华尔街最红火的金融家，号称"信托大王"。他对沃森的才干早有所闻，很快就聘任他为"计算制表记录公司"的经理。这家弗林特属下的公司，主要生产天平、

磅秤、计时钟和制表机等。由于前任在经营方面不得要领，成立不到 3 年已是负债累累、濒临破产。沃森之所以对这家公司感兴趣，主要看中它的产品。他认为计时钟、制表机等都是办公自动化的工具，具有广阔的商业前景。

最初，董事们因沃森在反托拉斯诉讼中的定罪而只让他当了一名小小的经理。至于薪水，沃森对弗林特说："我需要一份绅士的薪水才能养活全家，并且我需要获得股东分红之后盈余利润的一定百分比。"弗林特心领神会，董事们因公司时下亏损而不以为然。谁又会想到，20 年后，沃森竟成为美国收入最高的人。

刚开始，只有弗林特支持他，沃森不得不忍受和应付另一些地位高的人对他的歧视，他的第一个步骤是向银行借贷 5 万美元，用于产品研发。当银行指出公司已有巨额欠债时，沃森说："负债表只说明过去，而这笔贷款是为了未来。"这句沃森一生中最伟大的推销词打动了银行官员，于是他顺利借得款项。

↑ 当时的制表机厂

贷款用于改进制表机，极大地开拓了市场。同时，沃森还着手建立了一个销售组织，开始大力地整顿推销员队伍。推销员出身的沃森，深知市场导向和业务员素质的重要性。他召开一连串的小型推销员会议，讨论竞争问题，要求推销员们改正缺点。他提倡友谊和忠诚，力求唤起人们的自信心，并最终确立自己的信念。他甚至还运用一些帕特森的技巧来鼓舞士气：创造公司的口号、歌曲、创办公司小报和培训学校……但他与帕特森却是不同的，因为他更富有人情味。在沃森领导下，一年后公司开始赢利，弗林特提拔他为总经理。

↓ 1914 弗林特聘任沃森为"计算制表记录公司"的经理。

这时，沃森做出了他的重要决策：一是暂时放弃总经理一职，二是向董事会说明他将重新安排公司营业。尽管遭遇了重重压力，沃森仍力排众议，还做出把公司收益用于增加投入而减少股息分配的重要决定。弗林特在关键时刻总是支持他，他感到沃森正在开始敢于行使权力。开始时，

沃森前进很慢，但毕竟还是前进了。

第一次世界大战结束时，制表机需求量激增。几乎每一家大保险公司和铁路公司都用上了计算制表记录公司生产的霍勒利斯制表机。不久，政府部门也采用了。沃森适时地推出新型的打印机器——制表组合机，更是受到广大客户的欢迎，定货单堆得像小山一样高，产品供不应求。1919年，公司的销售额高达1300万美元，利润也升至210万美元。

由于发展过速，1921年经济萧条时，公司差点倒闭，只是靠了贷款才勉强维持下来。危机期间，从沃森到工人，工资都削减了10%。熬过了这一年，沃森又提出一个鼓舞人心的远大目标和一个新的合同及分红方案。如今，沃森已经有了一条很好的生产线，并能不断增加利润。弗林特对沃森的钦佩、支持和信任与日俱增，他为沃森登报，把他列入"美国当代十大企业家"之列。从1914—1924年间，沃森一直忍辱负重地工作，并发挥了当初死缠烂打当上推销员的精神，用自己的成绩消除众人对他的歧视。1923年，直到美国个人收入排行榜上出现计算制表记录公司总经理托马斯·沃森的名字时，他已49岁了。到1924年，沃森的成功经营使他开始以老板的姿态出现了，成熟温和的弗林特几乎总是邀请沃森行使权力。此时，沃森终于走出了别人的影子，开始形成自己的风格。他以超人的忍耐和坚韧的毅力一步一步地走向属于自己的辉煌。

↑ IBM 研制的自动程序控制计算机

"IBM"精神

1924年，托马斯·约翰·沃森宣布整个世界是公司的合法地区，并将公司改名为国际商业机器公司（IBM）。从此，他开始大刀阔斧地创建自己的庞大帝国。

沃森管理公司有自己的特色，即"仁慈"和"暴君"。他对待职工和下级以及女性职工和军人家属是仁慈的，对失

败者宽宏大量，不计前嫌。但在其他时候，他却是严厉的、专横粗暴的，当然建设性的建议除外。他以高涨的热情激发每个人的抱负，鞭策每一个人。同时，他又是专制和严厉的，但不像帕特森那样冷酷无情。

他的作风严谨，注重仪表，他要求公司雇员也这样：推销员们一律是清洁的白衬衣、领带和笔挺的西装，这已成为 IBM 的衣着标准。他禁止员工在任何公开场所饮酒，要求一律要学唱"IBM 之歌"。更重要的是，他像一位和蔼而严厉的家长一样管理着公司，影响着大家。不仅仅从宏观管理上，他还经常到下层巡视，如果发现哪位工人表现良好，他就会告诉秘书："给他的薪水加倍！"

正是这种 IBM 式的企业文化后来竟成为"日本式管理"的起源。因为沃森自己曾经做过推销员，所以他了解人们对这一职业的鄙视。为了树立销售人员的自信心，除了着装要求外，他给予的佣金也很丰厚。他曾说："销售人员要成为妻子和孩子所敬仰的人，我不希望他们的母亲当被问及儿子在干什么工作时，感到内疚和佯装不知。"

为了协调和管理，沃森还提出了公司的三项宗旨。首先是"必须尊重每一个人"，他总是设法让人们对自己所从事的工作充满好感，因为他从底层干起，尝试过不受尊重的痛苦；其次是"必须为用户提供尽可能好的服务"；第三项宗旨是"所有的工作都应追求最优秀最出色的成绩"，个人收入不取决于资历和地位，而是其创造的价值。

"思考"是沃森传布给 IBM 全体人员的圣经。他还通过出版刊物和演讲来灌输 IBM 精神，毫不吝惜地进行公关活动。IBM 精神形成了公司家族般的凝聚力，他则是 IBM 家族的家长。他的公司不仅从事经营，而且传布一种信念，一种工业美德，他号召职工树立主人翁精神。

1925 年公司办了一所培训

▪ IBM 员工

和销售学校，他对学员说："我们要造就的是认为自己是管理者的人，我们要把'老板'的观念抛得老远。"他信奉工人要为自己的工作承担责任，使工人从劳动中享受乐趣，形成了"公司即我、我即公司"的观念，从而接受这种安排，并发挥智慧努力工作。

沃森首先给雇员一种现在称为"终身雇佣"的职业保障，这极大增强了雇员对公司的忠诚和献身精神，IBM 公司的独特企业文化和公司职员的价值观也逐步形成和强化。消除了后顾之忧的员工乐于为公司尽心尽力，沃森还开创式地在厂区附近建立了一个乡村俱乐部，包括两个高尔夫球场和一个射击场——任何 IBM 的职工一年只需交纳一元会费就可以参加和使用。其次，高级职员往往是从公司内部提拔上来的。每一个人都清楚，通往高层的道路畅通无阻，只要他努力。再次，IBM 的沃森父子都坚持著名的"门户开放"政策，任何人都有权直接踏进总经理办公室，发牢骚、提建议，上级对下级的评论意见必须洗耳恭听。公司到处洋溢着浓厚的民主气氛，每个人都受到同样的尊敬。

▣IBM 科学计算论坛成员合影

沃森还提出了举世闻名的 IBM 经营哲学——"IBM 意味着提供最佳服务"，在此基础上，他创立了 IBM 独特的企业文化。IBM 精神和信念由于沃森本人的广泛宣传和身体力行而确立起来了。

进军计算机市场

20 世纪 30 年代的大萧条几乎使所有公司破产，IBM 的股票也一度暴跌。沃森坚持相信对付经济萧条最好的办法就是扩大生产。一些人开始酗酒，另一些人轻易坠入情网，沃森的"嗜好"则是雇佣推销员。当其他公司大批裁

员时,这种大量雇佣职员的做法被人们视为疯狂的举动。不过,正是这种反传统智慧使IBM能够承担五年后美国联邦社会保障厅的大规模订货,IBM的公司规模由此扩大了两倍。

20世纪30年代初,IBM开始进入打字机行业,生产打字机、打孔机、分类机等系列产品,并推出电动打字机、字母制表机等新产品。到了30年代末,IBM公司的销售额增长到3950万美元,其利润达到910万美元,竟超过其他4家同类型大公司的总和,一跃而成为全美最大的商用机器公司。

这时的托马斯·沃森不知道,未来的世界将由数字掌控,他生产的打孔机正暗示着未来世界的趋势。第二次世界大战结束后,计算机市场初露端倪,IBM充当先锋,率先攻占计算机市场。虽然沃森没上过大学,没有任何技术背景,但长时间的市场经营锻炼出他敏锐的直觉。可以这么说,如果没有沃森,可能会出现一种完全不同的计算机,一种运算机器,而非信息处理器;没有沃森及其想象力,计算机也许是作为一种工具而非技术出现。

1933年,根据沃森的指示,IBM为哥伦比亚大学设计了一种高速运算器,并用标准制表机零件制造出来。1937年,哈佛大学的计算机专家艾肯博士建议沃森综合几种机器,造出更快的运算器,为此沃森拨款50万美元,历时6年之久,研制出世界上第一台自动顺序控制计算机,名为"马克1号",每秒钟可以进行3次计算。1946年,IBM又推出了第一台电子计算器。1948年,又推出一台部分电子、部分电机的数字计算机,这台机器安装在IBM纽约总部,直接向参观者进行实际操作表演。IBM开始涉足电子计算机领域,但还不能说明IBM在电子技术

马克1号

↑ 第一台电子计算机"埃尼亚克"

和计算机工业技术方面的真正崛起。

当时在业界内出名的是雷明顿—兰德公司。1946年，埃克特和莫奇里博士成功地制成了世界上第一台电子计算机，命名为"埃尼亚克"，它重30吨，使用1.8万个真空管，占地面积165平方米，每秒钟能做300次乘法，其速度之快在当时是无法想象的。面对如此强大的竞争对手，**IBM**是发展前景莫测的电子计算机，还是继续经营收益可观的打孔卡机？**IBM**内部展开了激烈争论。以老沃森为首的一派认为，尽管计算机能够解决所有重要的科学计算问题，但是价格昂贵，几乎没有人肯出资买这样一台机器，况且计算机的前途是很渺茫的，用途不是很广。但是老沃森的儿子小托马斯·沃森却不以为然，他深信到一定的时候，计算机将具有巨大的市场，到时不仅会广泛用于实验室、办公室、银行和天文台，也可以用于工厂。父子俩之间时常因此而争论不休。

↑ 沃森和他的儿子

就在沃森父子俩在开发计算机项目上争执不下时，一件令IBM难堪的事发生了。美国人口普查是一项庞大而复杂的信息处理工作，以前都是靠IBM提供的霍勒利斯制表机来进行。而这一次全美人口大普查，美国人口调查局却采用了雷明顿—兰德公司的通用自动计算机NIVAC，它比IBM的电动式打卡机的统计速度快19倍。因此，

人口调查局的负责人直率地告知IBM，电动式打卡机已丧失其领先地位，并提出退货。面对现实，沃森意识到，先进的电子计算机时代已经到来，是自己让贤的时候了。

1955 年是沃森生命中最圆满的一年。这一年公司收益近 7 亿美元，几乎是战后 1946 年的营业额的 6 倍……1956 年 5 月，沃森正式将公司交给了儿子。6 月中旬，沃森心脏病突发，6 月 19 日溘然长逝。他留下了一笔工业遗产：一个拥有 5 万职工、3 万股东、数十亿资产、技术先进和迅速发展的工业公司。

沃森二世

小托马斯·约翰·沃森出生于 1914 年，小汤姆的名字终生都跟随着他，即使他成了年近 80 岁的老头，仍然被叫做小汤姆。汤姆的童年是在一个距纽约 30 多千米的叫肖特里尔的小镇度过的，他被人们称为"可怕的汤姆"，无论出了什么乱子，可能都与他有关，在学校里，大多数人都知道他一有机会就会调皮捣蛋。

小汤姆又高又瘦，笨手笨脚，是个不合群的人，并且邋遢和淘气，遭受鞭打是经常的事。他在学校里成绩总是倒数，此外，他的品行太出格了，行为也十分恶劣……总之，没有人会想到汤姆将来能有出息，因为大多数时候他都在看表盼望下课。有一次，他把臭尿液放在学校的通风管道里，搞得全校臭气熏天。约翰·沃森从未动手打过孩子，他知道自己脾气暴躁，处罚总由珍妮特执行。珍妮特总是在生活小节等方面矫正他，并提醒他在公众面前要注意形象和克制自己。

对约翰·沃森来说，他的一生都是一个四处奔波的忙碌者，只有旅行才能使他心情平静下来。汤姆经常随父亲出差，这使他小时候便见多识广，经历丰富。他还经常跑到IBM的工厂去玩，这使他深深地体会到父亲的影响是多么广泛。不过，出于自卫和好强，汤姆总是对父亲的世界充满不屑和怀疑，他认为父亲的事与己无关。在很小的时候，汤姆隐约感到父亲想让

🔺小托马斯·约翰·沃森

⬆ 布朗大学

他接班，子承父业，但约翰从未对儿子这样说过。事实上，那时候表现欠佳的汤姆已令老沃森有点失望。有一次，汤姆想到这里便泪流满面，并嚷着不愿进 IBM。

当老沃森在 IBM 取得成功时，汤姆却在中学里苦苦挣扎。他先后换了三个学校，用了 6 年时间，到 19 岁时才中学毕业。几经周折，凭老沃森的面子，汤姆才进了布朗大学……

在大学里，汤姆的成绩依然很差，校长阿诺德先生为此多次提醒过他，但每次都容忍了他。老沃森则对儿子在校的学习袖手旁观。后来，汤姆问父亲，既然成绩那么糟为什么还让他待在学校里？父亲说："我认为宁肯让你毫无压力地待在一个正规的地方受熏陶，也比让你在校外放任自流好。"因为在学习上总是失败，所以汤姆渴望在其他方面获得成功。1937 年，小沃森前往 IBM 销售学校学习。IBM 的销售学校是沃森从国民收款机公司那里学来的，学校的宗旨是为公司的未来培养销售和管理人才。汤姆感到在 IBM 培训学校比其他任何学校都苦得多——因为他逃不脱父亲的影子。

⬆ 小汤姆二战时到美国空军服役

在熬了两年坚持到学业结束后，汤姆成了正式的销售员，被分配负责曼哈顿工区的销售业务。尽管他的业务做得很好，但他后来还是回忆说，"在 IBM 的销售工作期间，我一直忍受着自我怀疑的折磨。"他不喜欢公司的氛围，因为父亲的盛名让他时刻处在一种难以名状的压力之下。

二战的爆发改变了他的生活轨迹。1941年年底，汤姆已经佩戴上空军飞行员的徽章，并成为第 102 侦察分队的一名少尉。尽管在学校表现不好，而在公司里又处于其父亲的巨大阴影之下，但在军队里汤姆很受赏识，这使他的自信心和主动创造力得以恢复——他不再担心被

父亲的阴影所掩盖。

战争结束前，汤姆回到了华盛顿。谁也无法想到他与布拉德利将军的一次谈话竟然彻底改变了他的一生。

布拉德利将军说："汤姆，战争结束后你准备干什么？"

"将军，有一个工作等着我，我准备在联合航空公司当飞行员。"汤姆说。

"真的吗？我总在想你会回去管理IBM。"将军说。

"你认为我能行吗？"汤姆问道。

"当然了。"布拉德利将军毫不犹豫地回答。

这次谈话使汤姆意识到，他不应把自己随便出售给联合航空公司。他得出结论，布拉德利肯定说的是真心话。他陡然意识到，到空军后自身的变化是多么令人震惊和欣喜。汤姆后来回忆说："我已意识到，我有个性力量使别人听取我的意见，只要我事前考虑清楚。我肯定有能力公开讲演和书写清楚，这些是我在布拉德利领导下开发出来的能力，他是我通往自信的桥梁。"

24小时后，汤姆电话告知了父亲他的决定。当然，这是老沃森等了多年希望听到的话，他的心中充满了温暖和幸福，但他仅仅说："我很高兴，儿子。"

1945年，汤姆重新回到了IBM，1946年6月，汤姆当上了公司副总裁，时年32岁。

↑ 32岁时小汤姆当上了IBM公司副总裁

继承父业

汤姆成为IBM第二号人物后，当即对研究机构进行革新。在公司发展方向上实施了根本性的改革，IBM开始跨越传统。1950年5月，任命麦克道尔为实验室负责人，并让他在全球各地大量招聘电子技术方面的人才。而"国防计算机"的研制正是汤姆带领IBM进入电子技术的一次冒险，是公司发展方向的彻底革命。

首先，汤姆广招电子计算机专门人才，直接从各大学请来30多位电器电子专家，建立一个科研小组，由著名数学家赫德负责。然后，他与专家们经过调查研究，确定将研制一种全用途科学计算机，因为那时世界上总共仅有 6 台电子计算机，但几乎都是一种类型的机器。为了减轻内部的一些反对意见，汤姆为这种计算机取了一个充满爱国情感的名字："国防计算机"。通过到美国所有国防工业实验室宣传推销，他们很快获得了十几个客户的订单。思想已有所转变的老沃森也二话没说就批准了这项耗资达 300 万美元的计划。从 1951 年春天开始，IBM 还聘请冯·诺依曼担任公司的科学顾问，他们全力以赴地推进国防计算机的研制工作。

1952 年 1 月，年已 78 岁的老沃森决定退居二线，任董事长，38 岁的汤姆正式接任 IBM 公司的总裁职务。这标志着 IBM 的商用机器将出现一次质的革命，将从主要生产制表机、打孔卡机、计算器和卡片的公司转而成为一家为研制电子计算机冲锋陷阵的公司。

汤姆上任后，颁布的第一道命令就是尽快研制出赶上并超越雷明顿—兰德公司的计算机。

1952 年 12 月，第一台国防计算机或称 IBM701——第一台存储程序计算机，终于问世了。老沃森对儿子的杰作大加赞扬，

⬆ 约翰·冯·诺伊曼现代计算机创始人之一

并决定大张旗鼓地宣传一番。这台 IBM701 被运到纽约，安装在总部大厦的底楼。150 名顶尖的科学家和商界领袖参加了盛大的开机典礼。不久，汤姆又推出应用于会计系统的 IBM702 电子计算机、用于雷达防空网络的 Q-7 计算机。到 1954 年春天，IBM 已经与雷明顿—兰德公司并驾齐驱。尽管在实际的安装方面，雷明顿—兰德仍略占上风，领先十几台，但 IBM 拿到手的订单却比雷明顿—兰德多 4 倍，仅 702 型的订单就达 50 台。在这场竞争中，IBM 初战告捷。

接着，汤姆又在拥有领先技术的基础上，加快产品的推陈出新，研制出体积小、用途广且价格适中的新产品来。1954 年，IBM 开发出 650 型小型电子计算机，每月的租金

只有 4000 美元，使一般的学校、保险公司、银行都能用得起。就这样，很快在全美掀起了一股 650 型小型计算机热。此外，他们还推出 IBM703、IBM704、IBM705 等系列产品，以满足各方面客户的需要。到 1956 年，IBM 已经遥遥领先，已经占领了约 70% 的市场，美国本土只留下以雷明顿—兰德公司为首的 7 家公司，新闻传媒戏称美国电脑业是"IBM 和七个小矮人"。

此时的 IBM 使雷明顿—兰德公司望尘莫及，它已经占据了商用机器业的霸主地位，其后，IBM 充分发挥其强大的推销优势，推销员四处出击，到处宣传。汤姆成了著名杂志《时代》的封面人物。"电脑"成了一个十分时髦的字眼，而电视上看到的电脑却统统都是 IBM 制造的。

1956 年 6 月，82 岁高龄的老沃森因病逝世。这位为 IBM 奋斗了 40 余年的创业者，欣慰地看到 IBM1955 年的总收入已突破 7 亿美元大关，而且正以每年增长 20% 的速度剧增，比起他当年接手计算制表记录公司时年营业额不到 420 万美元来，已增长了 100 倍。

IBM701

"蓝色巨人"

随着晶体管制造工艺逐步成熟，它为第一代电子计算机——电子管电子计算机过渡到第二代创造了条件。1958 年 4 月 IBM 决定用晶体管代替电子管成批生产分立的晶体管计算机。不久即推出 7070 型、7090 型等大型晶体管计算机和 1401 型、1620 型等中小型晶体管计算机。1401 型办公室用计算机以其价格低廉、效率高、适应性强的特点，很快地成为销路最好的品种，在第二代计算机中处于领先地位。

1961 年，IBM 公司年收入达 20 亿美元之巨。股票价值比 5 年前增了 4 倍。当时全美共有 6000 台电脑在运转，IBM 就占了 4000 部。人们开始把 IBM 公司称做"蓝色巨人"（Big Blue），因为它的徽标是蓝色的，同时它无愧于成为计算机界的领导者。汤姆升为主席兼董事长，开始指挥生产声名卓著的"IBM 360 系统"。著名的《幸福》杂志称为"超级冒险"，在整个电脑的体系结构取得了突破性的进展，使"兼容"成为推动电脑产业革命最响亮的口号。到 1966 年底，已有 8000 台电脑出厂，使 IBM 年收入超过 40 亿美元，税前纯利润高达 10 亿美元。一场历时 5 年的"赌注"50 亿美元的超级豪赌已见分晓。

集成电路的发明是电子技术的又一次重大突破。1964 年 4 月 7 日，正值 IBM 公司创建 50 周年那一天，汤姆宣布 IBM 的 360 型系统电子计算机制造成功。它是第三代计算机的佼佼者，其研制开发经费高达 50 亿美元，远远超过美国研制第一颗原子弹的曼哈顿计划（20 亿美元），堪称历史上规模最大的私人企业投资。360 型的订单堆积如山，达到创记录的程度。这是汤姆一生中最大的成功。

1969 年 1 月 17 日，IBM 遭遇反垄断法，开始卷入旷日持久的诉讼案之中。这一年也是美国经济衰退期，由于受法律诉讼和经济衰退的双重拖累，IBM 的年增长率降至 5%，而前两年在 30% 以上。

汤姆承受了巨大的精神压力。1970 年底，汤姆因心肌梗塞住院。出院两个月以后，他告诉董事会准备退休。1971 年 6 月，他正式提出辞呈。汤姆卸下重担后，拖着虚弱的身体远航新西兰岛。董事长由非沃森家族的利尔森接任。这一年，IBM 公司的年营业额已达 75 亿美元，比起他刚接任公司总裁的 1952 年，公司利润又翻了十几倍。

汤姆离任后的继任者是利

■ IBM360 系统大获成功，一举确立了市场上的统治地位。

尔森,然后是法兰克。他们都继承了沃森父子的优良传统使 IBM 获得了长足发展。1979 年,美欧和日本的计算机总销售额为 471.3 亿美元,而 IBM 一家就占 228.63 亿美元。1983 年,IBM 获利 55 亿美元,在西方各企业中首屈一指。进入了 20 世纪 90 年代,它的销售额已突破千亿美元。

彼时的 IBM 已是一个名副其实的"蓝色巨人",它始终以超前的技术、出色的管理和独树一帜的产品领导着全球信息工业的发展。从"阿波罗"宇宙飞船登上月球到"哥伦比亚"航天飞机飞上太空,无不凝聚着 IBM 无与伦比的智慧。1987 年,汤姆被美国《财富》杂志评为"历史上最成功的资本家"。

1993 年 12 月 31 日,汤姆因中风并发症去世,享年 79岁。他最具价值的遗产可以归结为几个字:"IBM 就是服务"。

1997 年,IBM 的超级计算机深蓝(Deep Blue)和有史以来最神奇的国际象棋世界冠军卡斯帕罗夫展开了六盘人机大战。半年前,IBM 的计算机侥幸地赢了卡斯帕罗夫一盘,但是被卡斯帕罗夫连扳了三盘。仅仅半年以后,IBM的深蓝计算机各方面性能都提高了一个数量级,"棋艺"也大大提高,而卡斯帕罗夫的棋艺不可能在半年里有明显提高。人机大战六盘,深蓝最终以 3.5比 2.5 胜出,这是人类历史上计算机第一次在国际象棋六番棋中战胜人类的世界冠军。几百万棋迷通过互联网观看了比赛的实况,十几亿人收看了它的电视新闻。IBM 在全世界掀起了一阵蓝色旋风。

↑ 汤姆

如今 IBM 在沃森父子的精神感召下仍将乘风而进。老沃森打下了事业的基础,而小沃森则使大厦不断宏伟壮大,他使 IBM 成为计算机王国中的一颗最耀眼的明星。小沃森时代同老沃森时代一样,他们的辉煌令后人永远铭记。

大事年表

1874 年	2 月 17 日,托马斯·约翰·沃森生于美国纽约州北部一个农民的家庭。
1895 年	10 月,托马斯·约翰·沃森进入国民收款机公司。
1910 年	托马斯·约翰·沃森被提拔为仅次于帕特森的总经理,成为公司第二号人物。
1912 年	2 月 22 日,沃森以及兰奇等 30 个国民收款机公司的高级人员被起诉。
1914 年	小托马斯·约翰·沃森出生;托马斯·约翰·沃森进入"计算制表记录公司",担任经理。
1924 年	托马斯·约翰·沃森将公司改名为国际商业机器公司(IBM)。
1925 年	IBM 公司举办一所培训和销售学校。
1933 年	IBM 为哥伦比亚大学设计了一种高速运算器,并用标准制表机零件制造出来。
1941 年	年底,小沃森成为第 102 侦察分队的一名少尉。
1946 年	6 月,小托马斯·约翰·沃森被任命为 IBM 公司副总裁。
1952 年	1 月,老沃森决定退居二线,任董事长,小沃森正式接任 IBM 公司的总裁职务。12 月,第一台国防计算机(或称 IBM701)——第一台存储程序计算机,终于问世。
1955 年	IBM 公司收益近 7 亿美元,几乎是战后 1946 年的营业额的 6 倍。
1956 年	6 月 19 日,托马斯·约翰·沃森溘然长逝,享年 82 岁。
1958 年	4 月,IBM 决定用晶体管代替电子管成批生产分立的晶体管计算机。
1961 年	IBM 公司年收入达 20 亿美元之巨,IBM 占有电脑市场大部分份额,人们开始把 IBM 公司称做"蓝色巨人"。
1964 年	4 月 7 日,IBM 公司创建 50 周年,小沃森宣布 IBM 的 360 型系统电子计算机制造成功。
1969 年	1 月 17 日,IBM 遭遇反垄断法,开始卷入旷日持久的诉讼案之中。
1971 年	6 月,小托马斯·约翰·沃森正式提出辞呈。
1993 年	12 月 31 日,小沃森因中风并发症去世,享年 79 岁。

沃尔特

几乎全世界的孩子们都知道米老鼠、唐老鸭，都知道迪斯尼儿童乐园。"米老鼠"那可爱的样子给孩子和大人带来了多少欢笑，人们沉浸在这些老少皆宜的卡通片里，惊叹它的无穷魅力，可以说，直到今天，迪斯尼仍然雄踞世界娱乐王国的宝座，它是美国文化的一个典型象征，它为人们创造了一个充满梦幻和欢笑的世界。

作为新时代娱乐业潮流的先导，沃尔特·迪斯尼是一个传奇，他的名字就是一种梦想的象征——他被人们称为"米老鼠之父"；他是有声动画片和彩色动画片的创制者，曾荣获奥斯卡金像奖；他设计和创建的迪斯尼主题公园，改变了世界的面貌。

爱画画的孩子

1901 年 12 月 5 日，沃尔特·迪斯尼出生在美国芝加哥，他的父亲是西班牙移民。迪斯尼是家里的第四个孩子，他漂亮、温和、乖巧，得到了几个哥哥和母亲的喜爱。沃尔特·迪斯尼的父亲老迪斯尼是个勤劳、固执而严厉的人，他一生都在追求富裕的物质生活，但总是运气不佳。

1906 年，老迪斯尼用全部家产在堪萨斯州东北的马赛林购买了一个小农场，他们全家从此便迁居在那里。在父亲的要求下，全家老小都成了农场义不容辞的劳动力。在风光秀丽的农场，沃尔特自由自在地度过了他最初的幸福童年。

沃尔特有三个哥哥和一个妹妹，哥哥们年纪都大他许多。老迪斯尼对儿子们的要求十分严格，三个大的都成了他的农场工人，和其他雇工一样早出晚归。更为苛刻的是，孩子稍有不慎便会招致父亲可怕的体罚。小小年纪的沃尔特没有人做伴，陪伴他的只有鸡、鸭、猪、狗。小沃尔特没有玩的，便在草稿纸上画这些小动物。母亲发现了儿子绘画的天赋，给他买了一本画册，沃尔特便整日临摹，越画越好。有一次，一位叫舍伍德的医生看中了他的画，出 5 角钱把他的画买去。小沃尔特兴奋不已，这是他有生以来第一次画画挣来的钱。

渐渐地，沃尔特的两个哥哥不能忍受父亲的专制离家出走后，厄运便降临到他和另一个哥哥罗伊身上。他们担负着全家生活的重担，还要面对可怕的父亲，以致沃尔特在接受父亲的体罚时常常想这个可怕的人究竟是不是他的父亲，而母亲的慈爱和哥哥罗伊的呵护给沃尔特带来的温暖又消解了父亲的冷酷。沃尔特的童年留给他的是矛

沃尔特·迪斯尼父母合影

盾的回忆，内心的阴影一直笼罩着他的一生。

然而，父亲的农场却经营得不妙，先是猪都病死了，农作物又连续两年歉收。老迪斯尼又卧病在床，1909年，他们不得不以买进价格卖掉农场搬到堪萨斯市，为报社搞发行。从此以后，小沃尔特和三哥罗伊就成了报童。他们每天三点半就要到报亭取报，挨家挨户分送，然后再去上学，下午放学后，还要送一次晚报，一年四季，风雨无阻，这时的沃尔特只有8岁。冬天时沃尔特时常在有暖气的公寓楼梯角小睡一下，但惊醒之后往往不明白报纸是否已经送完，直到成年之后他还经常被类似的噩梦惊醒。别的报童送报都可以得到应得的报酬，沃尔特兄弟却没有从父亲那儿领到一分钱，这样的送报生涯沃尔特干了6年。

↑沃尔特当报童时和其他小报童的合影

终于，罗伊也受不了父亲的苛刻要求而离家出走。老迪斯尼成了孤家寡人，脾气变得非常暴躁，他酗酒、发怒、骂人，沃尔特和妹妹就在这样的家庭环境中一天天长大。

沃尔特接受教育是从母亲教他识字开始的。进入堪萨斯本顿学校读书时他成绩并不好，老师们指责他上课注意力根本不集中，担心他跟不上课程进度。这一方面是因为他每天要早起送报，另一方面是他对绘画和描述冒险生涯的小说过分着迷。沃尔特读完了马克·吐温的全部著作，并完全按照自己的想象完成老师布置的绘画作业，把一盆花的花朵画成人脸，叶子画成手，结果遭到老师的一顿毒打。

沃尔特对绘画的兴趣是在农场养成的。他曾经用焦油在自家的白墙上画满了东倒西歪的房子，在陪伴生病的妹妹时快速地翻阅一本儿童画册。那些连续的画面仿佛有一种动感，这是他最早对动画的感知。在本顿学校期间

↑沃尔特和弟弟

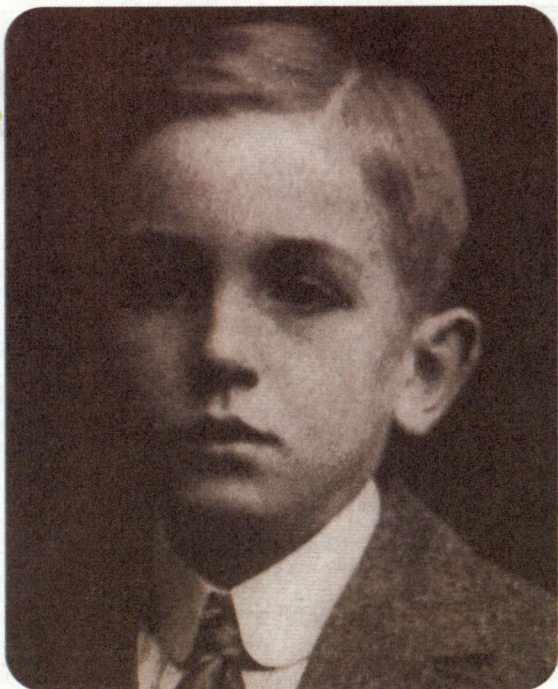

↑ 12岁时的沃尔特

他开始喜欢绘画，一家理发店的老板要求他每星期为店里画一张画，报酬是沃尔特可以免费理发。后来沃尔特又爱上了杂要和演戏，他模仿林肯在学校各个班发表葛底斯堡演讲，和同学一起扮演卓别林演出。

15岁那年春天，一次意外的受伤使沃尔特有时间来好好思考自己一生的努力方向。那天，他送完报想到冷饮店和朋友聚一聚，不料半路上脚被一个钉子扎伤，不得不在床上休息半个月。静卧期间，他认真地思考了自己的前途。由于不喜欢学习，他排除了当医生和律师的可能，而且家里也不可能花钱供养他上大学；他觉得在众人面前表演是再愉快不过的事情，但又对自己的竞争力没有十足的信心。最后他想到了绘画，他决定争取今后能够卖画为生，当一名画家。

而在此时，由于卖报生意并不如父亲预料的那样赚钱，老迪斯尼一家决定返回离开了七年的芝加哥，沃尔特也在芝加哥开始了他的高中生活。在这里，沃尔特把课余的时间都用在绘画上。他白天上学，晚上到芝加哥艺术学院学画——这是一所私人办的画院，沃尔特每星期有3天在这里学习解剖学、漫画技法和写作技巧，这是他一生当中唯一一次接受正规艺术训练。在一位叫卡尔沃茨的教师指导下，沃尔特的绘画技能有了不小的进步；后来又有一位叫勒哥瓦·戈赛特的教师对沃尔特影响也很大，这位先生是为《芝加哥先驱报》画漫画的，他的漫画作品具有丰富的内涵和幽默感，在他的教导下，沃尔特的绘画能力又上了一个台阶。

走近梦想

1917 年，美国正式参加第一次世界大战，哥哥罗伊应征入伍当了海军。看着罗伊身着军服的威武样子，听着种种有关战争的传奇故事，沃尔特再也不想在学校里待下去了，体验一下战争的刺激成了他唯一的愿望。

沃尔特的决定遭到父母的反对，于是他和他的朋友罗素自己到征兵处，模仿父母的签名加入了国际红十字会志愿军，在芝加哥大学附近的营房里学习汽车驾驶和修理技术，这时已是 1918 年的夏天了。

不久，一场流感袭击了芝加哥，沃尔特因病情严重被红十字会送回家中。等他病愈回到营房后被派往康涅狄州，在那里等待前往法国参加战斗。可是这时欧洲的战争结束了，全国上下都在欢庆胜利，而沃尔特和他的战友们却为自己成为"失业部队"的一员而感到沮丧。在法国，一个乔治亚的志愿兵与沃尔特合作，他们弄来一些德国兵的钢盔，

第一次世界大战期间，沃尔特不顾父母反对加入了国际红十字会志愿军并成为一个救护车驾驶员。

由沃尔特画上各种徽号和伪装图案，把它们当做真正的战利品卖给那些刚来到法国还没有打过仗的新兵。这些作为战斗纪念品的小买卖让他们发了一笔小财，沃尔特因此赚了 300 美元。他后来说这是他第一次靠艺术才能挣来的钱，他从来没有见过这么多的钱。

1919 年冬天，沃尔特回到美国，他坚决而有礼貌地拒绝了父亲的好意，立志要实现童年时的理想，去做一名画家。沃尔特不喜欢芝加哥，只在家里住了一夜便搭火车去堪萨斯市，他期望在这里找到自己梦想的出路。

沃尔特拿着自己的画稿四处求职，但却一次次碰壁。后来，终于有一家新成立的广告公司正式雇用了他，月薪

↑乌比·伊沃斯克与沃尔特

50 美元。在这里,沃尔特认识了与自己志趣相投的青年画家——乌比·伊沃斯克。可好景不长,两人都被这家公司辞退了。1920 年新年前夕的一个晚上,乌比到沃尔特的住处访问了他。两个年轻人一拍即合,成立了伊沃斯克—迪斯尼商业美术公司。沃尔特思维敏捷,伊沃斯克绘画技艺一流,两人正好取长补短。创业之初,沃尔特负责创作漫画,扩展公司业务,乌比办理普通绘画和美术字业务。他们勤奋异常,每周工作 7 天,每天从早晨忙到深夜,一个月之内找遍了所有可能找到的业务线索,两人净赚了 135 美元,随后公司便停业了。

1920 年 1 月 29 日,堪萨斯市幻灯片公司在报纸登广告招聘画家,乌比和沃尔特认为这是一个很好的机会。沃尔特听从乌比的劝告前去应征,幻灯公司的老板很满意沃尔特的漫画,以每周 40 美元的薪水雇佣了他。3 月份沃尔特说服老板同时雇佣了乌比,伊沃斯克—迪斯尼公司正式关门。沃尔特进公司不久,公司便改名为堪萨斯市电影广告公司。沃尔特开始醉心于电影广告的制作工作。

这种电影广告是一种卡通动画片,沃尔特想弄明白卡通片是怎样制作出来的,就主动接近摄影师吉米·罗维尔,公司的动画片制作是先由画家按照广告内容绘制人物和动物画面,剪下来贴在幕布上,然后使关节可以活动;摄影师拍下影片,放映的时候就会产生动感,这其实是人们视觉中的幻觉。吉米·罗维尔把这个不轻易示人的秘密告诉了沃尔特。沃尔特认为这种制作太简单,画面的动感不真实,便下决心发明新的方法以增强真实感。他在堪萨斯公共图书馆借来两本关于卡通电影制作原理和人与动物感情的书籍,开始利用业余时间研究这个问题。此外,他还向公司借用了一台弃置不用的摄影机,每天晚上都把自己关在汽车库中试验自己的新方法。经过一段时间的努力，沃尔特和乌比在车库里制作的卡通影片的质量超过了他在广告公司制作的产品。沃尔特相信自己的影片足与堪萨斯市电影广告公司的影片竞争，于是便开始推销自己的影片。他会见了掌管着堪萨斯市电影院和中西部影片发行交易所的纽曼公司的总经理费尔德，他欣赏沃尔特的影片，同意购买他的影片每周上映。

↑沃尔特在堪萨斯电影广告公司工作时和同事的留影

1922年，沃尔特说服乌比·伊沃斯克和他一起脱离堪萨斯电影广告公司，他自筹了1500美元，创办了"卡通制作公司"——这是他向自己的事业迈出的第一步。卡通制作公司的第一部作品是《红帽小骑士》，这部影片大受欢迎。沃尔特认为影片需要在全国发行，费德尔便帮助他寻找一个全国性的发行商，但都被拒绝了。只有一家新成立的绘画俱乐部愿付100美元的定金，以1100美元发行6部动画片。沃尔特立即开始制作其余5部动画片，公司里一片繁忙，一群20岁刚出头的年轻人每天都埋头工作，合作十分愉快。每到周末，沃尔特带着摄影机满大街转，拍自然风景。他在车上挂一块牌子，上面写着："今天拍的电影明天就可以在伊西斯电影院看到。"

可是，绘画俱乐部在支付定金之后宣布破产，卡通公司制作的6部动画片只得到100美元。公司没有支付员工工资的能力，沃尔特只好遣散了他们，乌比也回到堪萨斯市电影广告公司，他们破产了。在这样窘迫的情况下，迪斯尼决定去洛杉矶，和哥哥相会。穷困潦倒的迪斯尼靠给别人画像，凑足了去洛杉矶的火车票，离开堪萨斯市时，他只有几件衣服和绘画用具。尽管这样，他并不气馁。他相信，在洛杉矶，在好莱坞，他会有自己的发展空间，会开创一个新的天地。

↑1922年沃尔特在这座大楼里创办了他的"卡通制作公司"但最终还是倒闭了

真正的开始

1923 年夏天，沃尔特从堪萨斯乘火车去洛杉矶，住在靠采矿发家的叔叔罗伯特·迪斯尼家中，他决心从头再来，仍旧拍动画片。叔叔租给他一间车房作工场，他又从三哥那里借得 10 美元印制信纸信封，公司暂定名为"迪斯尼兄弟卡通制作室"，这就是今天迪斯尼娱乐帝国的真正开始。

他写了许多信给往日曾经联系过的电影公司，希望他们能订购他的动画片。不久，纽约有一家"温克勒电影公司"来了回信，这家公司的主管人温克勒太太曾看过沃尔特拍的片子，十分满意。她在信中订购了《爱丽丝漫游仙境》动画片集，每一集出价 1500 美元，条件是主角爱丽丝须由她指定的一位 6 岁的小姑娘弗吉尼亚·戴维斯扮演——这种动画片是由真人扮演和动画结合。沃尔特接到信后大受鼓舞，当即从叔叔和三哥那儿借来了 800 美元，作为资本投入拍摄。

片子拍得相当顺利，没有多久，第一集《爱丽丝在海上生活》完成了。由于沃尔特在制片过程中充分发挥想象力和创造力，整部片子新鲜有趣，温克勒太太看后十分满意，很快将 1500 美元汇给沃尔特，并连续订购 6 集。

1923 年 10 月 16 日，沃尔特和温克勒太太正式签订合约，把爱丽丝卡通电影的发行权出卖给温克勒太太，沃尔特·迪斯尼又回到了卡通电影的制作行业。虽然从资金状况看仍然十分窘困，但沃尔特本人却不再是对制作动画片一窍不通的毛头小伙子了，这一年沃尔特 22 岁。沃尔特和罗伊在一家房地产公司办公室的后院租用了一个废弃的小仓库，租金每月 10 美元。就这样，迪斯尼兄弟公司

⬆ 沃尔特 22 岁时正式开始了他的动画制作生涯

正式在好莱坞开张了。

从此以后，迪斯尼兄弟公司的动画片产量不断增加，售价也从 1500 美元提高到 3000 美元。沃尔特全力制片，三哥罗伊主管财务，迪斯尼公司的业务开始蒸蒸日上；但兄弟俩仍节衣缩食，把省下的钱用于发展。

1925 年，罗伊成了家，沃尔特开始独自生活。然而，这个单身汉一个人的生活并不好过。于是在下半年，他同莱莉·本茨———一个来自爱达荷州、在迪斯尼公司当绘图员的姑娘结了婚。次年，"迪斯尼兄弟公司"改名为"沃尔特·迪斯尼公司"，沃尔特认为单个的名字比带兄弟的名字更有吸引力。他们在制作《爱丽丝漫游仙境》之初，沃尔特把自己曾经合作过的乌比·伊沃斯克又聘请回来。乌比·伊沃斯克对动画有一种特别的感觉，尤其善于领会沃尔特的意图，并且用动画来表现，这对沃尔特来说是最为难得的。

温克勒太太后来又再婚，婚后不再管公司生意上的事，全都交给她的新婚丈夫查尔斯·明茨。然而这个人是个很吝啬的家伙，每次付款都拖拖拉拉，从来不肯按时付清。这给沃尔特制片造成了很大的困难。后来沃尔特终于无法忍受了，他毫不客气地写信告诉明茨：如果他再不恪守合同，他们的合作只好到此为止了。

在拍完 6 集以后，扮演主角的女童弗吉尼亚的父母受好莱坞其他制片人的诱惑，认为他们的女儿可以成为大明星，拒绝与沃尔特续签合同。沃尔特重新招聘的一个小女孩缺乏弗吉尼亚的那种天真和热情，显然不行。爱丽丝系列片无法再继续拍下去。

1926 年秋，温克勒太太和她的丈夫一同来到沃尔特的公司，她劝沃尔特重新创造一个动画片的角色。沃尔特随手画了一只兔子，狡黠地龇着牙，样子很讨人喜欢。温克勒太太十分满意，她和她的丈夫给兔子起了个名字叫奥斯华。他们与沃尔特重新签订了合同，并预付 2000 美元。

《幸运的兔子奥斯华》

沃尔特把他的设想跟乌比谈后，两人倾注全部精力和热情，开始了《幸运的兔子奥斯华》的设计制作。乌比

干得很出色，他把奥斯华画成一个胖乎乎的古怪的野兔模样，穿着很不合身的背带裤，仿佛一副蠢相，实则狡猾伶俐。经过多次改进后，片子获得了众多电影租片商的好评，上映后，引起了轰动；兔子奥斯华成了孩子们心目中的大明星，商人们纷纷向影片公司申请在商品上使用奥斯华的名字和形象。它的尊容被印在糖果盒上；小学生们的上衣领上也别着奥斯华的徽章。不过，沃尔特竟没有想到这份利益应是属于他的，他只觉得这是为他的影片做广告而心满意足。

米奇的诞生

系列片一集接一集地拍出来，明茨也如约按期付款了。沃尔特和罗伊有了钱，日子开始富裕起来。兄弟俩在制片厂附近买了两块地皮，各花了 7000 美元给自己盖了房子。

沃尔特为了感谢乌比对他的帮助，将每周的工资提高到 120 美元，并经罗伊同意，给了他一定数额的股份，这样，乌比每年都可以从公司的利润中分到一份红利。沃尔特怎么也没有想到，一场看不见的灾难正在悄悄逼近。

原来这个时候，一个由查尔斯·明茨策划的阴谋正在进行之中：明茨派他的内弟乔治·温克勒暗中与乌比接触，提出一项建议：如果他参加明茨组织的一项新事业，他的工资将为目前的两倍。乔治告诉他，新组织不会有损于沃尔特的业务，并说他们最终也会邀请沃尔特兄弟参加。他还向乌比透露：沃尔特手下的好几位动画片画家已接受建议，都准备转入新厂。这对经济一直不宽裕的乌比来说，无疑是个不小的诱惑，他说，他还要再考虑一下。因为他的直觉告诉他，明茨这样做是冲着

🔖 沃尔特尝遍了创业道路上的艰辛坎坷、他毫不畏惧，依然勇猛的向前。

沃尔特兄弟来的。尽管乌比对沃尔特也有不满，但要他立即背叛，他觉得情面上还有些说不过去。

现在沃尔特主动提高了他的待遇，使乌比既感激又惭愧。他立刻打电话给乔治，拒绝了他的建议，并将明茨的阴谋告诉沃尔特。不料沃尔特根本不相信会有这样的事，沃尔特的天真使得乌比既吃惊又生气。

按照协议，兔子奥斯华定约将在1928年2月结束，为了续签合同，顺便进行休假旅行，沃尔特带着莱莉来到纽约。在

↑ 乌比

谈判时，明茨满脸冰霜地告诉沃尔特，他已经决定了，"奥斯华"动画片每部的预付款从2250美元减为1800美元。沃尔特则声称，为了进一步提高系列片的质量，他投入的成本相当高，他提出每部片子的价格为2500美元。双方相持不下。到最后，明茨摊牌了，他说："干不干由你。沃尔特，我劝你别犯傻了，奥斯华是属于我和环球公司的，是我们想出来的！而且，我可以把你的公司整个儿夺过来，你不知道你的制片厂里发生了什么事吗？"说着，他拿起电话，"你往厂里打吧，问问那边正在发生什么事，问问你的画家们都在为谁干活。小伙子，他们全归我啦。他们都跟我签了合同！"

沃尔特仍不相信有这回事。他气愤地回到饭店，跟罗伊通了电话。过了一会儿，罗伊回电话证明明茨并不是胡说，除了乌比和另外两位动画片画家，其余的人都跟明茨签了约。这对沃尔特来说是个可怕的打击。这时候沃尔特才看清了明茨的真面目。沃尔特去找环球公司的老板莱姆勒投诉，莱姆勒拒绝会见他，并声称他不跟明茨以外的任何人谈有关奥斯华影片的任何问题。沃尔特请求温克勒太太帮助，温克勒太太除了表示同情以外无能为力，还说她的丈夫还有一个新的建议，希望沃尔特去听一听，慎重地考虑他们的合作。明茨的新建议是什么呢？他不仅要拥有《幸运的兔子奥斯华》的全部版权，还要插手迪斯尼制片厂的全部业务，等于把制片厂吞并过来，让

沃尔特和他的助手们为他干活。

发行商的背信弃义激怒了沃尔特，而曾经与他共患难的一些动画片画家的集体叛变更是伤透了他的心——他付出无数心血制造的有价值的东西被别人占有了。最终，他终于下定了决心。几天后，他突然闯进查尔斯·明茨的办公室，把一枚兔子奥斯华的证章扔在这位租片人的桌上，说："给，你可以拿到这个小崽子了，它全是你的了。我现在宣布放弃我的权利，再也不去想它了——祝你走运！"

明茨没想到他会来这一手，叫起来："可你不能这么干。你合同上还有3部系列片没有完成呢，不管怎么说，你都得画完它！"

"我不画，"沃尔特说，"你把画家全偷走了，你让他们给你画去吧。"

明茨还想好言相劝，但沃尔特再也不理会他了，掉头离去。

沃尔特和莱莉满怀悲伤地踏上了归途，沃尔特打算绘制一套新的动画影片，但他还不知道自己要画的是什么。尽管，令世人为之瞩目的米老鼠在此后诞生了，但关于它的来源却有许多不同的有争议的版本。其中流传最广的说法便是：沃尔特在堪萨斯城最艰难的时候，有

🔼 沃尔特正在创作

一只小老鼠经常爬到他的书桌上，他总是喂它一点干酪。小老鼠非常可爱，也很调皮，它每次吃光干酪后，就在沃尔特的手心里蜷成一团安睡。于是，这只可爱的小老鼠便成了米老鼠最初的蓝本。

可也有人认为，米老鼠是沃尔特和设计师们一起讨论的产物。他们把兔子奥斯华画在纸上，然后开始修改：把耳朵变圆，给短裤加上纽扣，给大脚穿上鞋子，双手戴上手套，再加上一条可爱的尾巴……不一会儿，一个可爱的

老鼠形象就跃然纸上了！沃尔特的夫人莱莉马上给它起了个响亮的名字"Mickey Mouse"——米老鼠。

事实上，早期的米老鼠的确和兔子奥斯华有许多的相像之处，无论它真正的来源如何，这一点都不妨碍人们对它的喜爱。

现在，迪斯尼制片公司一共只有5个人了。对于那些叛变的画家，沃尔特采取了报复手段：他和他们还有4个星期的合同，他逼迫他们不分日夜地干活，直至完成奥斯华系列片的最后3部片子方可走人。

↑ 米老鼠早期手稿

与此同时，沃尔特和乌比抓紧时间进行米老鼠的设计。为了防止这个新角色再次被窃，他们避开那些画家们，躲到沃尔特家后面的一个车库里工作，不走漏一点儿风声。他们的设想是：米老鼠的性格应该是对弱者同情，对强者却很淘气，好打抱不平，不自量力，急躁而且粗心……

性格塑造基本完成后，他们就想，怎样将这个小淘气介绍给观众呢？当时，报纸上全是查尔斯·林白首次单人驾机飞越大西洋的事迹，谈论得很热火。沃尔特和乌比不约而同地想到，应该利用这个机会。沃尔特草拟了一部叫《疯狂的飞机》的电影脚本，乌比立即着手绘制草图。乌比的确是个天才，他很快就按照剧本的内容搞出了雏形，沃尔特看后非常满意。

↑ 米老鼠

他们开始动手干了。首先要把每一个动作分解成许多个画面，画在胶片上。一部150米长的动画片需要1.44万多个画面，乌比一天就能画700张。然后，当画家们下班之后，他们把胶片拿到制片厂，用夜间时间拍摄。拍完之后，把那里打扫干净，不留一点痕迹。

1928年5月，从未露过面的米老鼠在好莱坞一家电影院秘密预

↑ 米老鼠动画片《威利号汽船》片段

演，观众反应不错，租片人也都很欣赏。但是，因为一部片子的制作费高达 2500 美元，价格也相对较高，租片商们似乎都在观望，没有人订货，他们大概希望沃尔特能把价格再压低一些。

当时，有声电影刚出现，第一部有声电影《爵士歌王》已经轰动纽约。电影行业的性质发生了急剧的变化，电影院的老板们都纷纷嚷着要有声影片。好莱坞的制片人都拼命地给自己的最新之作配上音乐、音响效果和对白。沃尔特也在考虑是否应该给米老鼠配上音响。

这是一个相当曲折的过程，他们做了许多试验，想用省钱的办法自己配音，但多次试验都失败了。事实证明，把音响录在唱盘上同步播放是行不通的，播放节奏稍有差错都会闹出洋相。后来，沃尔特找到一个叫帕特·鲍尔斯的人，这人似乎很有办法，他知道沃尔特需要的是什么，而且，他拍着胸脯说，只要沃尔特把片子交给他，他保准能让他满意。这个鲍尔斯名声很不好，在好莱坞几乎所有认识他的人都认为他是个骗子，他曾说服卡尔·莱默尔让他当环球影片公司的合伙人，然后他将那位精明强干的人物骗得一无所有。

鲍尔斯几乎也弄得沃尔特倾家荡产，但最后总算达到了一个理想的配音效果。1928 年 11 月 18 日，米老鼠系列的第三部片子《威利号汽船》在殖民地剧场首映，反响极为强烈，影片中米老鼠的尖叫、鹦鹉的叫喊都出自沃尔特本人之口。

第二天报刊上的评论都集中赞美了《威利号汽船》和它的制作者，27 岁的沃尔特·迪斯尼一夜之间成了电影史上的"奇才"。第二天的报纸上，影评家们对这部动画片赞不绝口，称它是"天衣无缝的同步之作""一部富有娱乐性的精巧之作。"

失去伙伴

苦尽甘来,沃尔特·迪斯尼的大作终于得到社会的承认。这一来,所有的租片商和全美国的各大电影院几乎无一例外地派来代表到沃尔特在纽约的住处洽谈,希望提供资金并与他合作。具有讽刺意味的是,就连曾经从他那儿强取去兔子奥斯华,又偷走动画片画家的查尔斯·明茨也出现了,他厚颜无耻地对沃尔特说:"参加我们吧,我们给你摄影棚,给你需要的一切支持。只要你把米老鼠转交给环球公司,利润可以从优。我们甚至还可以还给你那些动画片画家。要是你还想要他们的话,他们一直在等着回去为你工作。"

沃尔特忍不住说:"就是他们跪着来求我,我也不要他们。"他同时拒绝了明茨的建议。米老鼠是他沃尔特的孩子,只属于他一个人,任何人别想抢走。

事后,鲍尔斯对沃尔特说:"干得好,沃尔特,我很高兴你拒绝他们,这表明你是独立的。"紧接着,这个骗子也给沃尔特一个"真正的建议":让他来作为米奇老鼠的代理发行人。

沃尔特因为配音获得成功,对鲍尔斯是怀着感激之情的,尽管有许多人告诉他鲍尔斯是个不可信赖的家伙,他依然对这人抱有好感,于是便轻率地与鲍尔斯签了合同,并在合同中说明,今后拍的动画片都租用鲍尔斯的"电影声"音响设备。

之后,米老鼠系列片一部接一部地拍了出来,鲍尔斯大赚特赚,对沃尔特却不肯公开

迪斯尼兄弟和米老鼠

↑ 米老鼠

他的账目。实际上，他扣下了约 20 万美元应该属于沃尔特的收入，可沃尔特却不知情。

本世纪 30 年代初，美国观众对米老鼠的喜爱达到了狂热的程度，凡是知道电影的人都知道米老鼠。沃尔特坚持不断地提高影片质量，制作成本因此而上升，引发了迪斯尼公司的又一次危机。沃尔特指望以鲍尔斯应支付的收入应付危机，但鲍尔斯的支票迟迟不到，罗伊跑到纽约去会见鲍尔斯才知道他是个骗子。沃尔特亲自到纽约要求鲍尔斯清理旧账。鲍尔斯告诉沃尔特，米老鼠的成功只是他的副产品，他并不重视这部动画片，他希望续签合同，但不付旧账。他拿出与乌比签订的协议威胁沃尔特，沃尔特不相信与他从青年时代就一起艰苦创业的乌比也会背叛他，但罗伊证实了这一点，沃尔特和乌比解除了合约。

朋友的背叛固然令沃尔特损失惨重。可是公正地讲，这件事也有沃尔特本身的因素使然。沃尔特一方面需要乌比的支持，在动画片的制作上几乎可以说是完全依赖于他。但同时，他又像对待一个小伙计那样支使和责骂他；乌比性格平和，从来没有反抗的表示，但不代表他没有意见。实际上，他是在忍受和退让，他当然知道自己的价值。在"米老鼠系列"动画片的制作过程中，他和沃尔特的关系越来越紧张，连莱莉都一再劝说丈夫应该对乌比的态度好一点。沃尔特却听不进去，他固执地认为乌比绝不会生他的气，他了解这个朋友。当沃尔特与鲍尔斯即将决裂时，鲍尔斯暗中与乌比接触，并签了合同，以周薪 300 美元的待遇把乌比挖走了。这对沃尔特是一个致命的打击，为此，他大病了一场，精神处于崩溃的边缘，暂时停止了米老鼠动画片的生产。

在莱莉和医生的劝说下，沃尔特夫妇到各地去旅行，途经古巴和巴拿马运河，然后返回加利福尼亚。回来以后，沃尔特的精神基本恢复了。

动画帝国

1931 年，米老鼠影片引起的轰动从公众涉及到了电影界的高层人士。他们认为《威利号汽船》是一部伟大的影片，突破了许多旧有的局限。为此，他们决定授予沃尔特·迪斯尼奥斯卡金像奖。

沃尔特站在领奖台上看着那些他从前崇拜的人向他致敬时热泪盈眶，这是他在这个领域取得的伟大成就的标志。米老鼠的成功除了技术上的原因之外，最重要的还在于它鲜明的个性和个性中包含的道德力量。米老鼠天真单纯，正直诚实，缺少心机，爱冒险，常常怀着要胜过别人的儿童般的野心，它是一位好先生，从不害人却想努力帮助别人，常常身陷险境又总能依靠自己的智慧化险为夷。沃尔特认为米老鼠个性的形成受了卓别林的启发，他说："我们想让一只小老鼠具备卓别林精神，即虽然是小人物但却要尽力而为，并且总是面带笑容。"这样的个性足以给30 年代初处于经济萧条中烦躁不安的美国人带来心灵上的慰藉，让儿童天真的梦想获得了共鸣，让成年人在回忆自己的从前时得到放松。从此之后，米老鼠更出名了。

1932 年，沃尔特重新组建他的绘画班子，制作出迪斯尼公司的第一部彩色有声动画片《花儿与树》，获得了巨大成功，连脱离他的乌比·伊沃斯克都给他写来了贺信。《花儿与树》的成功不仅进一步确立了沃尔特·迪斯尼在动画片领域的地位，也给他带来极为可观的收入。这部片子当年获得了奥斯卡奖。

一次偶然的机会，一位名叫乔治的富商决定要把米老鼠及其女朋友明尼的面具作为圣诞礼物送给两个孩子时，便从迪斯尼厂买下了把米奇老鼠和明尼的形象绘在玩具、书籍和服装上的专利权。结

🔲 朋友的背叛并没有是使沃尔特气馁，他又开始了新动画的创作。

果,绘有米老鼠和明尼形象的商品一上市,很快销售一空。沃尔特发现这个新的财源后,开始寻找更多相应的赚钱机会。他很快与纽约的一家出版公司达成协议,出版《米奇老鼠集》连环画,印出第一天,就售出了97983册。接着沃尔特向金氏影片辛迪加出售了在报纸上刊登米奇老鼠连环漫画的特许权,这些漫画很快就在国际上风行一时,甚至比制片厂拍的短动画片更受欢迎。米奇老鼠连环画也在全世界大量出版了。到1932年年底,美国已有800多家大公司,在销售价值千百万美元的与迪斯尼有关的商品。这给制片商带来了30万美元的意外收获,占全部纯利润的三分之一。接着,沃尔特又聘请了在欧洲的商品销售代表,做各种带米奇老鼠耳朵标志的商品,从牙刷到很小的厨房洗涤槽。此外,由于准许莱昂内尔玩具火车公司生产玩具米奇老鼠四轮小车,那惊人的销售额很快便挽救了这家濒临破产的玩具火车公司。

1933年,沃尔特又拍成了彩色动画片《三只小猪》,同年5月在纽约大会堂举行首映式,盛况不亚于米奇老鼠系列片。当时美国正处于经济危机中,这部片子的主题歌《谁怕大灰狼》成为人人爱唱的歌曲。之后,沃尔特又拍了一些米奇老鼠题材的动画片,并在其中加了"唐老鸭""普洛托狗"等形象。这些影片同样给全世界的儿童和成人带来了欢笑——唐老鸭是一个喋喋不休的抱怨者,普洛托狗则是个专干蠢事的傻瓜。

这一年年底,沃尔特一家迁入了带一个在岩石上凿成的游泳池的、华丽气派的新房子,从落地玻璃可以俯视迪斯尼公司的全景。沃尔特有了自己的女儿,为纪念女儿诞生,他宣布从今以后每一部迪斯尼新影片上映的

🔹动画片《三只小猪》

第一天，孤儿都可以免费入场。

1934年，沃尔特在欧洲旅行时，从巴黎的一位老板那儿得到启示，决定拍一部长动画片。他选中了著名童话故事《白雪公主和七个小矮人》。在很小的时候，他就非常喜欢这个极具魅力的故事，心里一直有把它搬上银幕的打算。一天晚饭以后，沃尔特把公司的主创人员召集起来宣布开拍《白雪公主》的决定，然后他用两个小时把设想的故事情节出神入化地表演了一遍，在场的人被深深打动了，一阵寂静之后响起了雷鸣般的掌声，画家们深受鼓舞，他们以极高的热情投入了创作之中。新闻界立即把这个消息告诉公众，大家认为这是好莱坞的神童的新创举。莱莉和罗伊都反对这个计划，他们觉得这既费钱又耗时，很可能费力不讨好。电影界的人士把这一举动称做"迪斯尼的蠢事"，传为笑柄。沃尔特没有在意这些，他为影片选定了最适当的创作人员，确定了每个形象的性格和寓意，尤其是七个可爱的小矮人分别从不同的角度诠释了沃尔特的内心世界。

🔺 沃尔特·迪斯尼与七个小矮人

1937年12月21日，这部凝聚了迪斯尼公司4年心血的精华之作——《白雪公主》正式上映，受到观众和影评界的高度赞赏。《时代》把沃尔特的照片刊登在封面上，周围印了7个小矮人，清楚地表明他成为时代风云人物的原因。

🔺《白雪公主》的插画

1938 年，沃尔特因《白雪公主》的成功再获奥斯卡奖，他被评委会授予一个大金像和七个小金像，获奖的理由是《白雪公主》"在电影艺术方面的创新，它为动画故事片开辟了一个令人着迷的伟大的新领域。""迪斯尼的蠢事"获得电影史上非凡的成功，这是无可辩驳的梦想成真。

继此之后，沃尔特又先后推出了《木偶奇遇记》《小虎班比》《幻想曲》等一批优秀的长动画片。

迪斯尼乐园

第二次世界大战爆发，由于欧洲市场萎缩，迪斯尼公司的业务也受其影响，处于低潮。二战结束后才又重新振兴。

↑ 迪斯尼乐园

战后，沃尔特最大的贡献是在洛杉矶建立了迪斯尼乐园。在很早的时候，沃尔特有时候带孩子们到娱乐公司游玩，但公园陈旧的设施、肮脏的环境、恶劣的服务让他感到扫兴，他想要是真能造一个理想的乐园该有多好！他对自己说：那将是一个非常好的游乐园。从此他念念不忘自己的这一梦想，并使之不断明晰起来："围着公园建造一个大村落，村落中有火车站、凳子、乐队表演室、饮水泉，树木花草在公园中都有合适的场地安排，还有供休息的地方，这给带孩子来的母亲和祖母提供方便。村子西端各为火车站和市政厅。市政厅可作为行政大楼，要像市政厅。小一点但很逼真的消防队就在市政厅旁边。还有警察局，解决纠纷、找寻失物和走失的小孩等，像普通警察局一样发挥功能。关着几个人的牢房可供孩子们参观。还要有饮食店、歌剧院，电影院、电视室、玩具店、宠物店、书店、洋娃娃医院、家具店、儿童服装店，小摊上制售各种热狗冰淇淋，园内还要有各种民俗游乐设施

······"

　　沃尔特·迪斯尼就是这么一个有着无穷想象力的人，就在他创作米奇老鼠、唐老鸭、三个小猪、白雪公主等动画片角色时，他的心里就已经有了这么一座童话乐园：在他想象中，那是一个孩子们的世界，不仅有动画片和童话故事里的人物、建筑和树林，还有各种各样的游戏机，总之，应该充满着儿童的乐趣。

　　经过9个月的艰苦努力，1955年7月迪斯尼乐园终于建成了。7月17日举行了盛大的开幕典礼，美国广播公司动用15架电视摄影机，作了前所未有的现场直播。迪斯尼乐园被人们看做是当代世界上的一大奇迹。仅在开放的头6个月里，就有300万人纷至沓来，在来访的人中有11位国王、王后，24位州政府的首脑和27位王子、公主。

　　此后，沃尔特还下很大功夫改进了迪斯尼乐园，4年之内吸引了1500万名游客。早在1955年乐园建成并启用时，沃尔特就发现，这座乐园并不完全是属于孩子们的，成年人对它同样有极大的兴趣，它成了洛杉矶一处著

■ 迪斯尼乐园

↑沃尔特是一个成功的故事讲述者，一个实践能力很强的制片和一个很普通的艺人。他创造了许许多多世界上最有名的最受欢迎的角色，给人们能带来了快乐。

名的旅游景点，所有到美国西海岸来的游客都要来此一游，因此，迪斯尼乐园收益巨大。后来，他又在美国东部的佛罗里达州建了一座规模更大的乐园，叫做"迪斯尼世界"，园内设有酒店和更多的旅游景点，具备了度假村的条件。可惜的是，沃尔特本人没有看到迪斯尼世界最后的建成。这座大型乐园是在沃尔特死后又过了 5 年才完工的。而他在迪斯尼世界开始建造的时候，又在酝酿再建一个"未来世界"，他曾对记者说，未来世界是他梦想的世界，在那儿，将看不到 20 世纪的战争与贫困，科技高度发达，气候可以由人类控制，废物得到充分的利用……这几乎是一个全封闭的、乌托邦式的城市，能提供最大限度的享受。人人享受平等，没有欺诈，没有暴力，像一个和睦友好的大家庭——他将把这个乐园作为未来人类生活的范本。

1964 年 4 月，林登·约翰逊总统为表彰沃尔特毕生努力的成就，在白宫授予他"自由勋章"，这是美国公民能够获得的最高荣誉。他一个人获得了 27 项奥斯卡金像奖，沃尔特在好莱坞奋斗了 30 年，他的辉煌成就远远超出了他自己的梦想。

1966 年初，沃尔特的健康开始恶化，不得不减少许多活动和工作，11 月份，癌细胞布满了他的肺部，转移到淋巴腺，医生断定他将不久于人世了。11 月 30 日他开始失去知觉，12 月 5 日，家人在他的病床前庆贺了他 65 岁的生日。12 月 15 日午夜时分，他让人把他的床头升高，他要最后看一看自己的电影公司。迪斯尼公司在寒夜中灯火辉煌，罗伊下令把公司灯光全部打开。之后，沃尔特·迪斯尼与世长辞。

哥伦比亚广播公司在晚间新闻的颂词中说："迪斯尼是一位富有创造性的天才，他为全世界的人带来了欢乐，但若我们仅仅从这一方面去判断他所做出的贡献，仍是不

⬆ "米老鼠之父"沃尔特·迪斯尼被人们称为卡通片大王

够的……迪斯尼在医治、安慰人类心灵方面所做的贡献，也许比世界上任何一位心理医生都要大。"

大 事 年 表

1901 年　　12 月 5 日,沃尔特·迪斯尼出生在美国芝加哥。

1920 年　　乌比·伊沃斯克与沃尔特·迪斯尼成立了伊沃斯克——迪斯尼商业美术公司。

1922 年　　沃尔特·迪斯尼自筹了 1500 美元,创办了"卡通制作公司"。

1923 年　　10 月 16 日,签下《爱丽丝漫游仙境》的发行合同,迪斯尼兄弟卡通制作室诞生。

1925 年　　沃尔特·迪斯尼与莱莉·本茨小姐结婚。

1926 年　　"迪斯尼兄弟公司"改名为"沃尔特·迪斯尼公司",卡通形象兔子奥斯华诞生。

1928 年　　11 月 18 日,推出影片《威利号汽船》,这是米奇首次以主角出现的影片,同时也是第一部完全同步有声电影。

1931 年　　电影艺术及科学学院的院士们把《威利号汽船》提名竞选奥斯卡金像奖。

1932 年　　迪斯尼公司的第一部彩色有声动画片《花儿与树》,获得了巨大成功。

1933 年　　沃尔特·迪斯尼又拍成了彩色动画片《三只小猪》,沃尔特·迪斯尼女儿出生。

1937 年　　12 月 21,凝聚了迪斯尼公司 4 年心血的精华之作——《白雪公主》正式上映。

1955 年　　7 月 17 日,洛杉矶迪斯尼乐园终于建成了,举行了盛大的开幕典礼。

1964 年　　4 月,林登·约翰逊总统在白宫授予沃尔特·迪斯尼"自由勋章",这是美国公民能够获得的最高荣誉。

1966 年　　12 月 15 日,沃尔特·迪斯尼与世长辞,终年 65 岁。